IMMIGRATION
出国
DEPARTED
入国審査官-日本国
NARITA(1)
28. FEB. 2011
IMMIGRATION
1777

自分を探さない旅

吉田友和

平凡社

帰国
NARITA(1)
13. MAR. 2011
入国審査官・日本国
1579

自分を探さない旅

得体の知れない旅の魅力

なんで、自分はこんなにも旅が好きなのだろうか。

実はいつもギャップを感じていた。旅好きと、旅にさほど関心のない人――両者の感覚には大きな隔たりがあり、その溝を埋めるのは想像以上に困難だと痛感してきた。ある意味、仕方のないことだと諦めてはいる。価値観は人によって様々なのは当たり前だし、僕も興味のない人に自分の趣味を押し付けるつもりは毛頭ない。

居酒屋なんかで与太話《よたばなし》をしている時、たまたま話題が旅に関するものになったりすると、僕はここぞとばかりに喜色満面《きしょくまんめん》で話に花を咲かせてしまう。

最初は「へー」とか「ほー」とか、大げさに相槌《あいづち》を打ってくれていた相手も、次第に面倒くさくなってきたのか反応が鈍くなってくる。

そうして気がついたら、旅とは別の話題へといつの間にか切り替わっていて……。話している側としては消化不良で、ちょっぴりガッカリさせられる。

「自分探しの旅ですか?」

旅の話をし始めると、真面目な顔でこう訊かれることがしばしばある。真剣に反論するのもなんだか馬鹿らしい気がして、冗談っぽく笑ってやり過ごすことが多い。

少なくとも、僕の旅は「自分探しの旅」ではないことはハッキリしている。ちょっとくらい旅をしたからといって、それだけで都合よく「自分」が見つかるはずないという気持ちは根強いのだ。

あえて旅が好きな理由を考えてみても、思い浮かぶのはせいぜい、

「世界をこの目で見てみたい」

「日本で暮らしていると気が付かない新しい価値観に出合いたい」

といった程度のもの。実に凡庸な思考なのだが、一方で旅に関心のない人たちを見ていると、本当にそれだけなのかわからなくなったりもする。

旅への欲求が人並み以上にあることは間違いないわけで、ひょっとすると僕自身も気が付いていない、旅へと駆り立てる「何か」があるような気もするのだ。僕だけの話ではなく、これは多くの旅人たちが抱える壮大なテーマなのではという予感さえする。そうでないなら、人生を狂わせられた側として納得がいかない。

得体の知れない旅の魅力とは何か？

そろそろ白黒つけてもよいのではないか。

新しい旅が始まろうとしていた。

いや、始めようとしていた——。

自分を探さない旅　目次

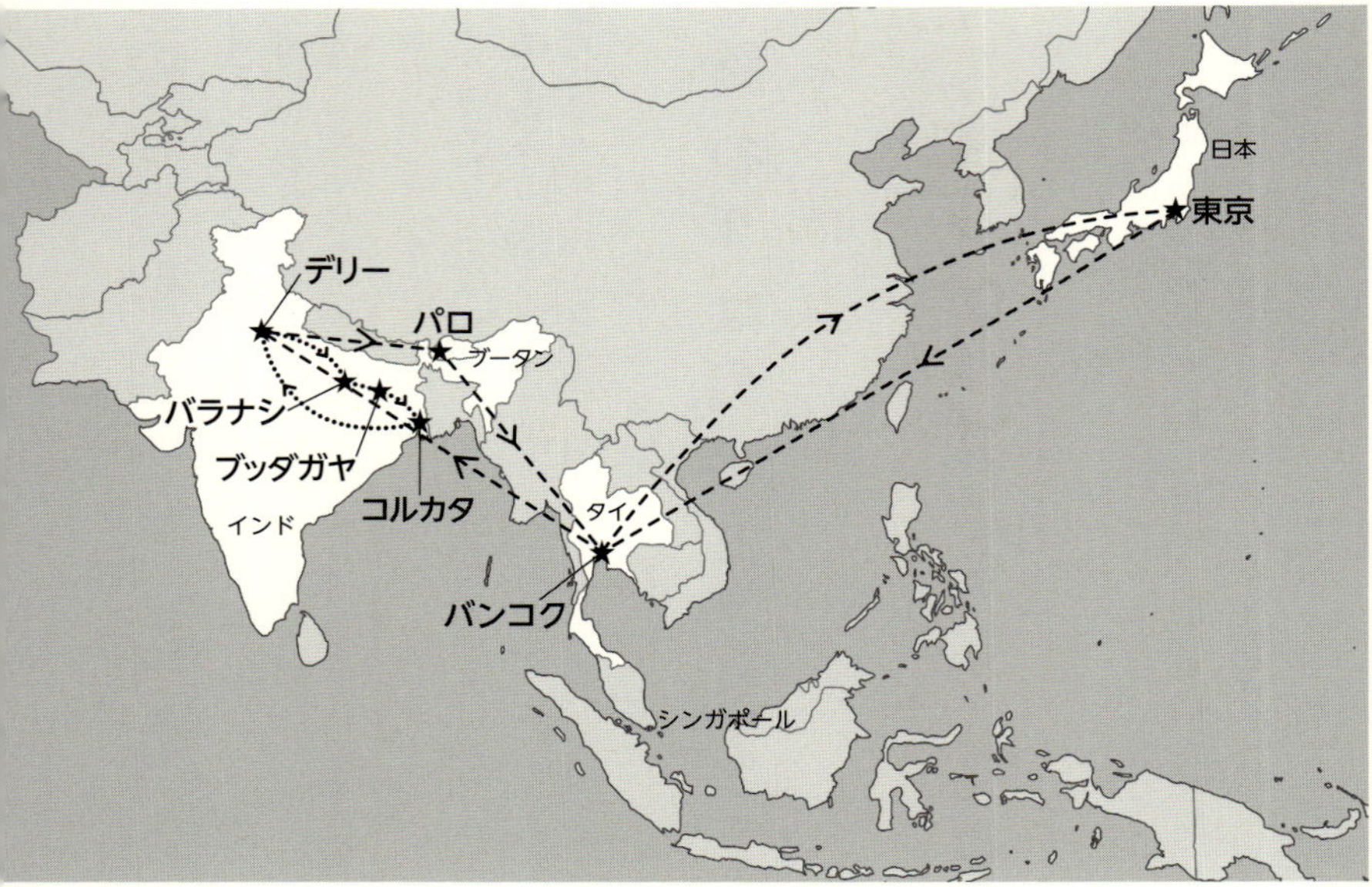

本書で旅した地域

第一章

旅人はインドを目指す

Prologue

Tokyo
Bangkok

三十路男の卒業旅行

大学を卒業する間近、周りの連中はこぞって海外旅行へ出かけていた。「卒業旅行」なのだと誰もが口にした。ふうん、そんなものなのかと、僕は適当に受け流し、親しい友人からの誘いにも首を縦に振らなかったことに深い理由はない。お金がなかったし、さして行きたいとも思わなかったからだろう。

いや、正確にはお金はなんとでも工面できたはずだった。授業にもろくに出ずにアルバイトに精を出していたから、学生の身分にしてはそれなりにまとまったお金は持っていたような記憶もある。

結局、海外にも、海外旅行にも興味がなかっただけなのかもしれない。

——あれからだいぶ月日が流れた。僕は三四歳になっていた。

学生時代には縁がなかった「卒業旅行」に出発したのは、二月最後の日だった。閏年《うるう》ではないので、二八日になる。曜日でいえば、月曜日。

仕事の出張でもないのに月曜から海外へ出かけられたのは、それが「卒業旅行」だったからだ。だからこそ、意図的に出発日を月曜に設定したとも言える。

そう、会社員からの卒業旅行だった。


差し当たっては、インドへ行くつもりだった。

航空券は押さえてあるものの、泊まる場所は決まっていない。

「放浪」という言葉を辞書で引いてみると、「当てもなく彷徨《さまよ》い歩くこと」と書いてあった。

その意味だけを都合良く解釈するなら、事実としては今度の旅は放浪と言えなくもない。

けれど同時に、言葉から連想されがちなロマンチシズムに疑いなく浸れるほど、僕は無垢《むく》な旅人ではなかった。

自分探しの旅？　まさか。今のところは探したい願望なんてない。

そもそも、三四歳なのである。自分探しに適齢期があるのなら、あいにく自分は対象外だろうとも思える。いい大人が……と白い目で見られても反論できない。

会社を辞めてインドを放浪する——か。まるでステレオタイプな「自分探しの旅」みたいだなあ、と我ながら他人事のように感心してしまう。正直な話、インドや、放浪へ対しての憧れは募るものの、「自分探しの旅」にはまったく興味が湧かない。

純粋に、インドを旅してみたかったのだ。自由気儘《きまま》に。そして会社を辞めたことで、旅する時間的チャンスをようやく手に入れたというだけの話である。
旅の動機はいつだってシンプルだ。気負いはないし、覚悟もない。

＊

出発を間近に控え、いささか落ち着かない心境に陥っていたのは、インドのビザを取得し損ねたからだった。

いまどきビザが必要な国も珍しい。そうは言っても、ないと入国できない。東京茗荷谷《みょうがだに》にあるインド査証申請センターは、まるでインドだった。まだ日本だというのに、インドの旅はすでに始まっていた。

わざわざ手続きしに出向いたのに、パスポートをインドのビザで埋められなかった原因が、結果的に僕自身にあったことは自覚している。

そのうえで、事の顚末《てんまつ》を記してみたい。

訪れたのは金曜の午前中だった。予《あらかじ》めネットで調べ、サイトから申請用紙をダウンロードして記入し、顔写真まできっちり用意して地下鉄で赴《おもむ》いた。

建物の中に入り、番号札を取って自分の順番を待とうとした。銀行や郵便局でもお馴染みの、あの小さな紙きれだ。何番だったかまでは、さすがに覚えていない。手に取った途端、発券機の脇に立っていた背広を着たインド人の男に話しかけられた。

「書類は揃っていますか？　見せて下さい」

たどたどしさのない、外人にしては綺麗な日本語だった。僕はすぐさま、カバンの中から持参した書類を取り出し、男に提示した。一瞥《べつ》した後、彼は言った。

「連絡先を自宅と会社以外であと二つ書いて下さい。以前にインドへ行った時の訪問都市を詳しく書いて下さい。それと、この紙も記入して下さい」

宿題を再提出させられた小学生のようで、ふて腐れそうになったが、素直に「わかりました」と答え、近くの机で言われた通りに課題をこなす。インドのビザを取るのは初めてではないが、こんなに面倒だったっけ？　と回想しながら追加で渡された紙に目を落とす——うーん、記入すべき項目がやけに細かい。

過去一〇年の間に訪問した国をすべて書け、と英語で書いてあった。

えっ……一瞬目を疑った。すべてって、本当に？　全部書くの？　最近はもう数えなくなってしまったのでおおよそだが、この一〇年で僕はたぶん七〇ヶ国ぐらい訪れている。馬鹿正直に事実通り全訪問国を書く気には到底なれなかった。面倒なのに加え、記憶を掘り起こして思い出さなければならない。英語で記述しなければならない。そもそも、用紙の記入欄は小さく、七〇ヶ国どころか二〇ヶ国も入るかどうか。

僕は敢えなく放り出した。とりあえず欄が埋まるだけ列挙することにする。

USA, UK, France, Germany, Spain, Australia, Singapore, Thailand……。

地域も順番も何もかも適当に、ただ思いつくままに列挙していった。小賢《こざか》しくも、問題視されそうな国は思いついてもあえて外したのは言うまでもないが。

最初に取った番号札は有効だったようで、やがて自分の番号が呼ばれ、指定された「C」の窓口前まで行く。窓口はガラス張りで、台座の位置にだけ係員と書類の受け渡しをする用の受け皿があり、孔《あな》が開いている。遠い昔に通い詰めたパチンコ屋の景品交換所を彷彿とさせた。

ガラス張りの中に座っていたのは、日本人の女性職員だった。パスポートと書類一式を受け皿経由で提出すると、それを見てまず女性は眉をひそめた。

「これだと、写真が小さすぎますね」

抑揚のない彼女の言葉は、登録された台詞を発する機械のようで、今さっき窓口へ呼ばれた時の、ティロンという機械音に続けて順番待ちの番号を読み上げる自動音声と重なって聞こえた。僕は出鼻を挫《くじ》かれ肩を落としそうになったが、そういえばと思い、カバンの中をごそごそ漁《あさ》る。こういうこともあろうかと、ほかにも写真を持ってきていたのだ。

「すみません、大きいのもありました」

証明写真機で撮ったものだった。一枚の紙に複数枚の写真がプリントされている。

「ハサミを貸していただけますか？」

取引先と会話する時のような低姿勢を崩さずに僕がお願いすると、女性は肩を竦《すく》めながらも、受け皿経由でハサミを貸してくれた。写真の余白をチョキチョキ切り取って、ハサミを返すついでに、もう一つお願いする。

「ゴミ箱があったら、これ捨てていただけませんか？」

切り取った残骸を手に、何の気なしに訊ねたつもりだった。

しかし女性の眉はさらに吊り上がり、

「ゴミ箱は向こうにあります」ピシャリと返された。

相変わらず平坦な物言いだが、さっきよりも明らかに苛立《いらだ》ちが込められているのがわかった。却下された写真の代わりを渡すと、今度は申請書の職業欄にケチがついた。

「マスコミの人はジャーナリストビザが必要です。取材ではない場合には、仕事での渡航ではないと誓約書を書いて提出して下さい」

僕は「Editor」、つまり編集者と書いていた。そのせいで、この手の勘ぐりを受けることは想定の範囲内ではあった。マスコミといっても、編集者なんて端くれの端くれにすぎないのだが、相手はお役所仕事だ。それも、なぜか妙に不機嫌そうだし、素直に従った方が賢明だと判断した。

「わかりました。どういう風に書けばいいですか？　その、誓約書」

「名前と連絡先と今日の日付とサイン」女性は早口でまくし立てた。一遍にたくさんのことを言われても、僕のちっぽけな脳みそでは覚えきれない。

「……ええと、どこに書けばいいですか？　それとすみません、もう一度書く内容を教えて下さい」

「名前と連絡先と今日の日付とサイン」

女性は棒読みで繰り返し、白紙のA４ペラを受け皿に置いた。

いちいち癪《しゃく》に障る応対だが、グッと堪《こら》える。ええと、名前と、連絡先と……。

「あっ、日本語じゃだめですよね？」

「もちろん」女性はどこまでも愛想がない。

見た目、年は自分とさほど変わらなさそうなこの女性が、どうしてこうまでぶっきらぼうなのかが、僕には最初解せなかった。あまりにも不機嫌そうに仕事をする様は、ある意味日本人離れしている。

——ふと、僕は悟った。そうか、ここは日本ではなく、インドなのだ。相手がインドの役人だと思えば腑に落ちる。インド人の役人の対応そのものではないか。

「This trip is not in business」と僕はA４ペラに書いた。「in business」なんて言い方で正しいのか自信はない。超適当な英語だが、知ったことじゃない。女性の横柄な態度に、僕は開き直り始めていた。

しかし——。「観光です、と書いてください」と女性に駄目出しされ、書いた文章に続けて、「,but sightseeing」を付け加えたら、「これでは駄目」だとまたしても却下された。むう……。

最初の文章に二重線を引き、すぐ下に「Purpose is sightseeing.」と書き直す。

中学生レベルの拙い英語だが――ようやくＯＫが出た。

「一九三五円です」お金をもらう側の人間とは思えない尊大な口ぶりで、手数料の金額を女性が告げた。妙に半端な金額なのに訝《いぶか》りながらも、僕は財布から千円札を二枚取り出し、受け皿に置く。

「お釣りがないので、細かいのはありますか？」

ぴったり用意してくるのがさも当然だろうという顔をして女性は言った。ここまで来るともう突っ込みを入れる気も失せていた。小銭入れを覗くと、幸いにも三五円が見つかった。

一〇〇円のお釣りと領収書をもらう。やっとのことで手続きが終わりかけた時だった。女性が吐いた次の台詞に、僕は奈落の底に落とされた気分になった。

「発給は二八日の五時半以降になります」

「えっ？　今日の午後ではないんですか？　確か即日発給だったと思うのですが」

「翌営業日の午後の発給です。サイトにも書いてあります」

僕は縋《すが》ったが、女性は取り合う気もなさそうだった。あいにくこの日は金曜だったので、週明けの月曜になるのだという。以前にインドのビザを取った時には、間違いなく即日発給だったのだ。のこのこ出発間際になって取りに来た人間に落ち度があるのはわかるけど……。

「なんとかなりませんか？　二八日が出発日なんです」

「フライトは何時ですか？」

僕は手元のスマートフォンで飛行機のイーチケットを確認した。

「――五時半、です」

「発給は二八日の五時半以降です」

「…………」わかっている。奇跡でも起きない限り、物理的に間に合わない。

「フライトを変更できますか？」

「無理です」僕は天を仰いだ。

女性は即座にパスポートと書類、支払い済みの手数料を返却し始めた。

おいおい、待ってよ！　乱暴な言葉が喉元《のどもと》まで込み上げてきたが、女性は意に介す様子はない。交渉決裂。いや、交渉の余地はもともとゼロだったようだ。

「空港でビザを取って下さい。大使館のサイトに情報が出てますので」

「えっ、空港で取れるんですか？」

初耳だった。暗闇の中に光明が差した気がした。おっかない女性だったが、彼女にも慈悲の心はあるのかもしれない。

「ここでは詳しくはわかりません。大使館のサイトで確認して下さい」

「大使館に電話すればわかりますか？」

「サイトを見て下さい」何を訊いても答えは同じだった。

もはや早く帰ってくれと言わんばかりの最上級に冷たい態度をされ、僕は諦めるしかなかった。壁の時計に目を遣《や》ると、すでに正午を過ぎていた。さっきまで大勢の申請客で賑わっていたこの部屋も、いつの間にか数えるほどしか人がいない。入口のドアに鍵がかかっている。昼休みの時間なのだろう。

番号札を受け取った時に話した男が鍵を開けてくれた。

「サンキュー」お礼を口にすると、男も「サンキュー」と英語で返してくる。人なつっこいインド人の顔がそこにあった。さりげない挨拶なのに、けったいなほど清々《すがすが》しいものに思え、沸騰していた頭の熱が急速に冷めてくる感覚は不思議だった。

同じ会社を二度辞める

旅立ちの日にまさか雪が降るとは思わなかった。

二月も終わりを迎え、寒さは峠を越えたと油断していた。日本を出てしまえば荷物になるからと、ニット帽も手袋も置いてきた。新宿に辿り着くまでの道すがらは、底冷えのする寒さが体の芯までこたえた。

成田エクスプレスに乗車したら、月曜の昼過ぎだったせいか、乗客はまばらだった。隣の席に誰も来ないのをいいことに二席を占領すると、グリーン車でもないのに、ゆったり快適な空間に変わる。

ここまで着てきた薄手のダウンジャケットを脱ぎ、くるくる丸めると小さな塊《かたまり》になった。寝袋のように折り畳める機能的なダウンジャケットは旅では重宝する。車内は暖房が効いており、空港の中も暖かいはずだ。

防寒着はもう御役御免《おやくごめん》なのである。ダウンジャケットを脱ぐと、半袖のTシャツの上に綿のシャツを羽織っただけの軽装だ。現地に着いたらシャツを脱げば、たちまち南国仕様に変身できる。昆虫が蛹《さなぎ》から脱皮するように、重ね着した服を一枚また一枚と脱いでいくのが、真冬に南国を旅する醍醐味とも言えた。

折り畳んだダウンジャケットを再び開くのは、帰国してからになるだろう。その頃には東京も早春の暖かさに包まれていることを期待しつつ。

駅の売店で買った唐揚げおにぎり弁当をつつき、車内販売のコーヒーを啜《すす》って人心地つくと、僕はノートパソコンを開いた。少し前に車両が新しくなった際に、成田エクスプレスには無線ＬＡＮが導入された。成田空港までの短くない移動の時間をネットして潰せるのは画期的だ。

書きかけの原稿を仕上げ、担当編集者にメールで送る。日本を出るまでに片付けておきたい仕事だった。会社を辞めたとはいえ、僕はフリーランスでの仕事をいくつか抱えていた。それらをええいっとうっちゃって旅だけにうつつを抜かせられるほど、自由を謳歌《おうか》できる身分でもない。

ただ、実は片道切符なのだ。帰りの航空券はまだ取っていないから、状況次第では旅を延長するのもアリかな、と密かに企《たくら》んでいた。風まかせの旅なのである。

成田空港に着いたら、飛行機の出発まで一時間半をきっていた。もう一本早い電車に乗ればよかったかもしれない。まあでも、すでにネットで座席は指定してあるし、乗り慣れた路線なので余裕はある。「NH915便」は、便名を覚えるほどに、これまで数え切れないほど利用した便だった。全日空の成田発バンコク行き。インドへはデリーやムンバイに直行するフライトも存在するが、今回はバンコク経由なのだ。バンコクは僕にとって特別に愛着の深い街で、かれこれもう三〇回以上は訪れているだろうか。その際によくお世話になったのがNH915便だった。

フライトに「ホーム」と「アウェイ」の概念があるとしたら、間違いなくホームのはずだった。しかし、僕はどちらかといえばアウェイな心持ちでいた。これまでは週末休みを利用しての渡航が主だったから、出発はだいたい金曜だった。考えたら月曜にこの便に乗るのは初めてで、そのせいで、意味もなくそわそわしてしまう。いつもとは毛色の違う旅が始まろうとしていた。

喫煙所にビニール傘をわざと置き捨てにし、空港内の書店で本を物色し、ビールを一杯あおったら、あっという間に搭乗時間になった。搭乗橋を渡り、飛行機に乗り込む瞬間、旅への期待が最大値にまで昂揚《こうよう》し、足取りがふっと軽くなった。

*

いつもと違うのは曜日だけではなかった。

ビジネスクラスだった。卒業の記念にと退職金から奮発して分不相応なチケットを購入したわけではない。というより、退職金自体もらっていない。航空会社のポイントが貯まっていたので、無料でアップグレードしたのである。

ビジネスクラスなんて数えるほどしか乗ったことがないから、座席に着くなりキャビンアテンダントが寄ってきて、腰を屈《かが》めながら自己紹介されただけで見苦しいほどにどぎまぎしてしまう。結婚式に参列したら予期せずスピーチをお願いされ、背中に一瞬汗が伝うような緊張感。アドリブに弱いタイプなのだ。

「新聞や雑誌を何かお持ちしましょうか？」

「あ、はい、ええと、そうしたら男性誌を……」

しどろもどろになりながらお願いすると、何冊かの雑誌を持ってきてくれたが、あいにく読みたい男性誌はなかった。シートポケットから機内誌を取り出し、パラパラ眺めているとウトウトしてきて、離陸前にはストンと眠りに落ちてしまった。

目が覚めた時には空の上だった。運航経路を地図で表示するモニタに目を遣ると、現在地は鹿児島上空のようだ。漂う匂いに鼻腔《びこう》を刺激された。機内食が配られ始めたのだ。といっても、いつものようにプレートに一式が載ったエコノミークラスの機内食とは違い、前菜からメイン、デザートと、コース料理の要領で出てくる。

「お目覚めでしょうか？　お食事は和食と洋食のご用意がございますが」

こうもいちいちご丁寧に応対されると、突如として自分が大出世を遂げたかのような錯覚さえするが、それは単なる勘違いである。ビジネスクラスに乗り慣れるとエコノミーには戻れない、という話をよく聞く。これだけの格差があればさもありなん、と感じた。今後も滅多に乗る機会はないだろうから、これを最後と思い上質なサービスを貪欲に堪能させてもらおうと改めて心に誓った。

「和食でお願いします」

「お飲み物はいかがいたしましょう?」

「あ、ええと、そうしたら白ワインを……」と深くは考えずに口にする。キャビンアテンダントはテーブルの上にクロスを広げながら、白ワインの銘柄を訊ねてきた。そうか、種類が複数あるのか、と僕が目を丸くしていると、銘柄なのだろう、横文字の固有名詞をいくつか説明される。動転していることを悟られないように努めるも、「じゃあ、最後のやつを」と答えるのが精一杯だった。

旅の記念にと、機内食はパチリと撮るのが慣例だが、ハイクラスな空間でカメラを出すのもなんだか憚《はばか》られる気がした。こういうところで下手に格好つけたがる自分の小市民ぶりを呪いたくなる。

社会勉強を兼ね、ほかの乗客たちをさりげなく観察すると、和食を頼んでいる人がやけに多い。一人で黙々と箸を動かすのもつまらないが、隣に座ったおじさんは食べながら映画に夢中のようで、話しかける雰囲気でもない。ちらりと覗くと、白いものが混じったそのおじさんの頭にはＢＯＳＥのヘッドホンが装着されている。飛行中の騒音を軽減するノイズキャンセリングタイプのヘッドホンの中でも最も有名で、そしてヘッドホンにしては目玉が飛び出るほどに高額なものであることを知っていたので、「さすがはビジネスクラス！」と僕はしみじみ感心させられた。

さらにあたりを見回して気がついたのだが、一人旅の、それも男性が圧倒的多数だ。月曜だし、おそらく仕事の出張なのだろう。そのせいか、機内には人の喋《しゃべ》り声はほとんどしない。怖いぐらいに静かな食事の時間だった。

お皿が下げられた後は、背もたれをぐぐんと倒して、本格的に寝る体勢に入ろうかとも考えた。マッサージチェアのように、シートの肘掛けに無数のボタンが並んでおり、それらを押すと背もたれだけでなく、腰の位置を前後にスライドしたり、足置きを上昇させたりと、細かくポジションを調整できる仕組みになっている。前の座席に足が当たるなんてことは当然ないし、限りなくフラットに近い状態にして、備え付けのふかふかの布団を掛けて寝入るのは極楽なことこのうえないだろう。

しかし、睡魔は訪れなかった。

ノートパソコンを取り出したのは、お酒が入って頭が熱を帯びてきたからだった。たまに一人で居酒屋なんかにフラッと立ち寄った時もそうなのだが、適度に酔いが回ると、断片化した思考のピースが唐突かつ連続的に湧き出てくることがある。こうなると寝付けないから、パズルを解くようにそれらを言葉としてキーボードで打ち込み、整理しようと思い立った。書き留め始めると、次から次へと思い浮かんでは消えていく。記憶という名の器から零《こぼ》れ落ちそうなほどに——。

——そう、会社を辞めたのは、年の瀬も押し詰まり、街がそわそわし始めた頃だった。当初の予定では一二月八日が最終出社日となるはずで、八日の終業後には会社の近くで送別会まで開いてもらったのに、その翌日も、さらにそのまた翌日も僕は会社へ顔を出し続けていた。仕事の引き継ぎに手間取り、有休消化どころではなくなってしまったのだ。暮れの忙しい中で時間を作って送別会に集まってくれた同僚たちと顔を合わすのは気まずかったが、僕がいつまで経っても会社に現れるので、

「ヨシダくん、辞めるのをやめたんだって?」と、冗談なのかプレッシャーをかけられているのかわからない、ありがたいお言葉を先輩から頂戴したりもした。

お言葉以外にも、DKNYのウールの手袋を職場のみんなから餞別《せんべつ》にいただいた。手袋をしないで外を歩くにはしんどい、日に日に寒さが厳しさを増す初冬だった。

僕は出版社に勤めていた。

「奥付の日付を間違えて二〇一〇年としないように注意してください」

そんな全社メールが回ってきていた。師走のこの時期に校了作業を終える本が、書店に並ぶのは年が明けて一月。本の奥付に記載する発行日を、来年の日付にしなければならない。つまり二〇一一年とするのが正しいのだが、年末の浮わついた空気と連日の忘年会にすっかり脳みそがとろけてしまった編集者の中には、今年の日付である二〇一〇年のままにしてしまうウッカリ者も少なからずいたりするから、こうして全社メールで注意喚起の連絡が入る。

要するに、僕が辞めたのはそんな時期だった。


なんで辞めたのか――。

理由を話せば長くなる。

会社での仕事に明るい展望を見出せなくなっていた。いや、違う。

平凡な会社員としてこのまま小さくまとまりたくはなかった……なんてのも冗談。

ちょっと言ってみたかっただけ。シレッと夢が語れるほどもう若くはない。

たぶんきっと、笑われるだろう。万人が納得するであろう真っ当な理由ではないことは自覚している。馬鹿なのではないかと、一笑に付される可能性もある。


――旅をしたいから。

もう一度書いてみる。旅をしたいから。

ほとんど子どもの言い分のようだけれど、思いっきりサックリ要約するなら、この一言に尽きる。会社員を辞めて旅人になるのだ。

誤解されそうなので念のため補足すると、自由人を気取りたいわけではない。文字通り、単に「旅をしたい」のだ。たとえ不自由な身分であっても、自分が行きたい場所へ行って、やりたいことをするのに障害とならないのなら、それで構わない。

「だったら、別に会社を辞めなくてもいいのでは？」

自らも、幾たびも自問自答を繰り返してきた。

会社員であっても旅はできる。実際、少ない休みを強引にやりくりしつつ、短期間でも積極的にあちこち行ったり来たりしたものだ。「サンデートラベラー」と名付けたそんなライフスタイルが、僕自身嫌いじゃなかった。職場の上司や同僚、家族などの理解があったのも幸運なことで、恵まれた環境にいたとは思う。

でも、でも、でも——もっと旅をしたい。

日に日に思いは強くなっていった。

そのためには会社員という身分が、さらに直截的《ちょくさいてき》に言えば、今の会社に勤めることがやがて障害になってきていた。

自分が勤めるのが出版社でなかったら、話はややこしくならなかったかもしれない。今になって振り返ると、ターニングポイントとなった一件がある。

僕は出版社に勤めながら、別の出版社から著書を出していた。最初のうちは自分でも趣味の延長のつもりだったし、細々とやっていたから会社からも煩《うるさ》いことは言われなかった。副業する場合には人事に届けを出して許可を得ればＯＫという、頭の柔らかい会社だった。そういえば、僕の他にも音楽活動に打ち込みＣＤデビューを果たした社員なんかもいた。グループ企業を束ねる親会社の広報部から取材を受けて、社内報の誌面を飾ったこともある。会社公認で活動しているつもりだった。

ところが――。ある日、会社の常務に呼び出しを食らった。

「今朝の新聞、見たよ。随分とご活躍のようで……」

唇を尖《とが》らせながら切り出した常務の言葉に、自分でも頬が紅潮するのがわかった。知らなかったのだが、どうも僕の新刊の広告が新聞に掲載されていたらしい。それを常務がたまたま目にしたのが、呼び出しのきっかけだった。

「はい、最近新しい本が出たんですよ」僕は冷静を装って明るく受け答えした。

「新しい本……ねえ。それは何冊目なの？」

「えっ、ええと何冊だろう。もうすぐ一〇冊ぐらい、ですかね」

「う〜ん、ずいぶん出しちゃってるのね。う〜ん」

常務は煮え切らない様子だった。むしろ咎《とが》めたそうな口調だったので、僕は虚を衝《つ》かれた思いだった。出版社の常務として、自分のところの社員が、競合他社となる余所《よそ》の版元からおおっぴらに本を出していたら、いい顔はできない気持ちも想像はつく。想像はつくが、誰にも非がないだけに、落としどころの難しい問題だった。

結局すべて有耶無耶《うやむや》のまま、いつも通りの日常が続くことになる。休刊になった隣の編集部の跡地に常務が机を引っ越してきて、これまで以上に顔を合わす機会が増えたりもしたのだが、何事もなかったかのように軽口を叩きながら、

「まあ、頑張ってよ」と肩を叩いて毎日定時ほぼきっかりに退社していく常務の後ろ姿に、

「おつかれさまでーす」とボソッと低い声をかける日々が続いた。

僕自身は、周りになんと思われようと別に構わなかった。出世欲は恥ずかしくなるぐらい微塵《みじん》もなかったし、有給休暇なども旅に行くために遠慮せずに行使していた。あまり取り柄のない人間だが、神経の図太さだけは自慢できるかもしれない。

だから、常務とのやり取りが心に多少は引っかかりつつも、その後も二足の草鞋《わらじ》を履くことに、強い後ろめたさは感じていなかった。

踏ん切りを付けようと考え始めたのは、自分の中での気持ちの移り変わりが誤魔化しの利かないレベルにまで達してからだった。いつの間にか会社での仕事よりも、プライベートでの旅行作家業の方が面白くなってきていた。

自分の好きなことを思いっきり追求しながら、生計を立てる——果たして、そんな大それた生き方が可能なのだろうか。正直言って勝算はまるでない。

ただ、差し当たってやること、やるべきことだけは明確に見えていた。ありがたいことに、仕事の依頼は継続的に舞い込んできていた。

雑誌の連載や、新しい単行本の企画など、片手間で取り組むには畏《おそ》れ多い仕事ばかりで、かといって会社の仕事を手を抜くわけにもいかず、いよいよ選択すべき秋《とき》が迫った錯覚がした。器用な人なら難なく両立できるのかもしれないが、自分にはもはや能力の限界だった。

何より、僕はもっと旅をしたかった。そのための大義名分が欲しかっただけとも言える。仕事にすれば、もっと旅に行ける。とことん自分本位な理由で我ながら呆れるが、旅への情念は天井知らずに膨らみ続ける一方だった。

腹を括ったのは、まだ半袖だった頃だ。九月、遅めの夏休みを取って出かけた旅先で奥さんに相談し、帰国後、上司に辞表を提出した。三ヶ月おきに更新しなければならない社内ネットワークのパスワードを「taishoku」に変更した。

出版業界は転職は比較的多めだし、会社を離れフリーランスになるパターンも珍しくはない。退職理由を聞かれて、「独立しようと思いまして」などと澄ました顔で答えようものなら、「それは、おめでとう」と祝福してくれる人ばかりで戸惑った。

真意としては、「独立したい」というよりも「旅をしたい」なのだ。かといって、事細かに事情を説明するのも面倒なので、「独立する」で通すことにした。

唯一難色を示したのが常務だった。否、心配してくれたと言うべきかもしれない。

「大丈夫？　本当に食べていけるの？」

眼鏡のフレームに手をかけながら、諭《さと》すような目で常務が見つめてきた。

「先のことはわかりませんが、できるところまで頑張ってみようと思います」

自分でも目を瞠《みは》るほど強気に言葉を重ねたが、根拠のない自信は常務には見透かされているような気もした。

出版不況が声高に叫ばれて久しい。僕の勤めていた会社でも、雑誌が次々と休刊になり、早々に辞めていった人たちも数知れない。とはいえ会社にいる限りは、どんなに業績が悪くても、どんなに不良社員でいても毎月給料は出るのだ。いまどきフリーになって荒波に漕ぎ出すなんて、客観的に考えれば無謀なチャレンジだと怯《ひる》む気持ちはある。でももう、前へ進むことに決めてしまった。

変化を恐れ、貴重なチャンスを逃すのだけは避けたいと常々思っていた。やらずに後悔するなんて最悪だし、人生守りに入るにはまだ早すぎる。

会社を辞めるのは二度目だった。しかも同じ会社を、である。かれこれ、一〇年近くも前の話だ。当時付き合い始めた今の奥さんと、結婚を機に退職して長い旅に出た。会社を辞めることへ対し懊悩《おうのう》する気持ちは微塵もなかった。

世界一周新婚旅行――僕の初めての海外旅行でもあった。

三〇代も半ばを迎えた今の僕には、当時ほどの鼻息の荒さはないが、考えてみれば、あの時も会社を辞めた理由は同じだったのだ。

――旅をしたいから。

こうも刹那的な生き方ばかりしていると、我が儘《まま》なやつだと詰《なじ》られても、返す言葉は思い浮かばない。旅は僕の人生を確実に狂わした。それが良いことなのか悪いことなのかは、まだわからないけれど、ひとまずは自分に正直に生きてみたい。

会社員から旅人になり、会社員に戻ったけどまた旅人になった。

やはり、この旅は僕にとってスペシャルなものだった。

気負いはなかったはずだ。物思いに耽《ふけ》る柄でもない。けれど、嫌でも色んなことを考えてしまうのは、一人旅の持つ「見えない力」の一つなのかもしれない――。

――結局、興奮して一睡もできなかった。

ベトナムのダナンのあたりからインドシナ半島へ突入した飛行機は、カンボジアを通過し、間もなくタイ領空へ入ろうとしていた。

そういえば、出発前に見たニュースで、タイとカンボジアの国境未画定地域でまたしても紛争が勃発中だと聞いていた。ふとしたボタンの掛け違いから銃撃戦の事態にまでエスカレートする、一向に解決の目処が立たないインドシナにくすぶり続ける火種の一つだ。今回も民間人の死者が出る深刻な事態に陥っていた。この空の下では、眠れない夜を過ごす人たちがいるのかと思うと、胸がギュッと締め付けられる。

世界遺産に登録された「プレアビヒア」という名のヒンドゥー教寺院遺跡の帰属を巡った対立でもあり、旅行者としても気になる問題だった。

タイ側が「カオプラウィハーン」と呼ぶこの遺跡は、戦場化していない平時にはれっきとした観光地であり、僕も前々から行ってみたいと考えていた。近づくのは当分無理そうだなあと落胆すると同時に、平和のありがたみを身に染みさせるしかない自分の無力さに唇を嚙んだ。

暢気《のんき》に節操なく旅に出かけているが、同じ瞬間に世界では、怒りや、憎しみや、悲しみが連鎖して、人々の穏やかな日常を奪い合っている。特にここ最近の情勢の変化は目まぐるしすぎて、ニュースを追いかけるだけで、やり場のない徒労感に包まれ消耗してしまう日々が続いていた。

チュニジアに端を発した民主化ドミノはアラブ諸国に波及し、エジプトでも政権が倒れ、リビアでは内戦に発展した。中東以外に目を向けると、ロシア最大の国際空港が爆破される事件が起きた。過去最悪と言われた昨年以上に天災も猛威を振るっていた。オーストラリアやスリランカでは洪水が甚大な被害をもたらし、ニュージーランドを大地震が襲ったばかりだった。

無関心でいられたら、どんなに楽だろうに――と思う。

いつもなら深い眠りに陥っているタイミングだった。乗客が寝静まった真っ暗な機内で、僕のノートパソコンの液晶画面の明かりだけが煌々《こうこう》と光りを放っていた。

若者の海外旅行離れって本当?

空港の建物の中だというのに、お米を炊《た》いた匂いが鼻をつく。その刹那、タイに着いたことを毎度実感する。スワンナプーム国際空港は、隣国と銃の撃ち合いをしている国とは思えない、平和そのものと言える間延びした空気が充満していた。

イミグレーションの列に並び、パスポートを差し出すと、係官は口を尖らせた。

「もうページがありませんね。早く新しいものに変えた方がいいですよ」

増補済みのパスポートは、一〇年の有効期限を待たずに、最後の見開きを残すのみとなっていた。二度の世界一周に加え、ほぼ毎月どこかへ出向く生活の結果がページの消費ペースに表れていた。国によっては、白紙が三ページ以上ないと入国を断られる場合もあると聞く。インドは大丈夫だろうか。係官が貴重な白紙ページにスタンプを押さないように、こっちの隙間に押してください、と懇願した。このパスポートを使うのも今回で最後になりそうだ。

バンコクは東南アジアのハブであり、どこへ行くにも便利な中継地点だ。適度な異国感を味わえながらも、快適に滞在できるのが強みで、英語の通用度は高いし、物価は手頃だし、食事は美味しいし、人はのんびり優しい。取り急ぎこの地へやって来たのは、インドの混沌へ飛び込む前のウォーミングアップとして、まずはタイに一泊するのは悪くないプランに思えたからだ。

僕にとってタイは特別な国だったりもする。

いわゆるリピーターというやつで、航空券はいつもバンコクを起点に発券している。その方が安いし条件もいいからで、東京発バンコク行きではなく、バンコク発東京行きの往復航空券で旅する生活も三年を越えた。

昔からこの「とりあえずバンコクへ」というスタイルは変わらない。初めての海外旅行＝世界一周の時にも、最初に降り立ったのはバンコクだった。喩《たと》えるなら、居酒屋へ入って「とりあえずビールを」と頼むようなものだ。

旅はタイに始まりタイに終わる——我が家の家訓でもある。

昨年できたばかりの、空港とバンコク市内を結ぶ高速列車に乗った。「エアポートレールリンク」と呼ばれるこの列車が登場するまでは、市内へ出るにはタクシーかバスを使うのが旅行者のセオリーだった。バンコクは道路渋滞が激しい街で、列車という時間が読める選択肢が生まれたのは画期的なことだった。

一方で、タクシー運賃はそれほど高くないため、今でも列車ではなくホテルまで直行できるタクシーを選ぶ旅行者は少なくない。そのせいか、満を持して開通した割には、利用者数が伸び悩んでいるようだ。実際この日も車内は閑古鳥が鳴いていた。

前回は一〇〇バーツだった運賃が、一五〇バーツに値上げされていた。切符は乗車前に空港で買うのではなく、到着後に駅でお金を支払う方式に変わっていた。当局側も状況を打破しようと試行錯誤しているのだろうか。列車のシステムが来るたびに変更されていて、利用客としては戸惑うばかりだ。

マッカサン駅で下車すると、真新しい駅舎はうち捨てられた廃墟のように静まり返っていた。当初はこの駅で搭乗便へのチェックインまで可能になる目論見《もくろみ》だった。改札の外には航空会社のカウンターになるはずだった空間がそっくり残るが、使われている形跡はない。暇そうな駅員どうしで無駄口を叩き合っている。ガラス張りのピカピカな建物が、かえって哀愁を漂わせた。

夜もいい時間帯だったので、駅からホテルまではタクシーに乗ることにした。しかし乗り場へ行くと、車は一台も停まっていない。というより、人気《ひとけ》すらない。

遠くから警備員らしき男が寄ってきて、「タクシーならここには来ないので、階段を下りて外で捕まえた方がいいですよ」と教えてくれた。教えられた通りに外へ出ると、幸運にも客を降ろし終わった車が一台だけ見つかり飛び乗った。

「スクムビット、ソイ十一までお願いします」片言のタイ語で僕は伝えた。

すると、運転手は顔をしかめた。どうやら行き方がわからないようだ。バンコクの特にスクムビット地区は一方通行の道路が多い。地図上では目と鼻の先の距離であったとしても、回り道しないと辿り着けないケースも珍しくない。それにこの運転手は空港列車の駅へ来たのは初めてなのか、巨大なだけのこの駅からの出方すら知らなさそうで、ぐるぐると同じ道を行ったり来たりしている。

最悪だ。空港からタクシーに乗れば良かったかな……。僕は臍《ほぞ》を嚙んだ。こうして高速列車から乗客が離れていくのだろうなあ。

やっとのことでチェックインしたホテルは、初めて泊まる宿だった。

今回は旅の日数が長いので、予算を抑えるために定宿《じょうやど》よりもワンランク下のホテルをあえて選んでいた。

カード式ではなく、角棒に付いた鍵で開けるタイプのドアをくぐると、値段の安さに納得がいった。控えめに感想を述べるなら、えらく年季が入った客室だった。椅子もテーブルもベッドも何もかもが草臥《くたび》れており、黴《かび》の匂いが少々きつい。

エレベーターの中で、何を食べたらあんなにポッコリするのだろうかと訝りたくなるほどにお腹が出た白人のおじさんが、タイ人の若い女性を連れているのと一緒になった。女性の派手めな化粧から推測できる事実は一つしかない。バンコクでは見慣れた光景だが、こんな部屋でねえ……と感心さえしてしまう。

やはり、大人しく定宿にしておけば良かったかな……。

漂う場末感にさらに後悔の念に苛《さいな》まれる。早くも旅に暗雲が立ち込め始めていたりして……。絨毯の染みに目を落とすと、暗い気持ちになった。

スクムビット通りに出ると、歩道を埋め尽くす露店の灯りに街がまだ眠っていないことを知らされた。腕時計をちらり見遣ると、深夜一二時を回ろうかという時間だったが、幕が下りてもいつまでも家に帰らない興奮冷めやらない観衆たちしかいないような、お祭り騒ぎとでも呼べる活気が漲《みなぎ》っている。

僕は今日が月曜日だったことを思い出した。暗闇とは程遠い雑踏に身を置くと、曜日の感覚なんて無用の長物だ。

狭い通路の両側には、小さな店が無数に立ち並ぶ。Ｔシャツ屋や下着屋やＣＤ屋やお土産屋など、雑多でまとまりのないラインナップに目がチカチカしてくる。地べたに布を広げたサンダル屋の片隅で、小学校低学年ぐらいの幼い少年が携帯ゲーム機でピコピコ遊んでいるのを目にすると、夜更かしはいけないことだと教えられて育った自分の価値観がいかに脆《もろ》いものであるかを知らしめられる。

屋台に腰を下ろし、ビールを注文した。シンハーという、白地に獅子の絵が描かれたラベルが日本でも有名なタイ産ビールだ。象のラベルのチャーンよりもシンハーの方が圧倒的かつ絶対的に旨いのだと、タイ在住歴の長い友人に断定口調で諭されて以来、味音痴な僕はついシンハーばかりを頼んでしまう。

ビジネスクラスの豪華な機内食のお陰で空腹ではなかったが、つまみにガパオも追加する。バジルと挽肉の炒め物で、タイ屋台料理の定番中の定番の一つだ。鶏肉と豚肉どちらがいいかと訊かれたので、僕は鶏肉を指定し、ついでに目玉焼きを載せてくれと付け足した。この程度のタイ語なら、かろうじて会話が成り立つ。

「からいっ！」一人でいるのに思わず声に出してしまった。しかも日本語で。

タイ料理は大の好物で、東京でもしょっちゅう食べに行くが、本場の辛さには適うべくもない。バジルの緑色に混じって真っ赤な唐辛子が顔を覗かせていた。

ヒーヒー言いながらも、この激烈な辛さがたまらないのだ、と一人ごちつつ悦に入る。身体の中の細胞が唐辛子に刺激され覚醒する。夜食向きではなかった。

＊

黴臭い部屋で旅二日目を迎えた。カーテンを開けると、窓の外に青空が広がり、目を瞬《しばたた》かせた。窓の外に視線を送ると、眼下に望めるＢＴＳの駅に、短い車両が吸い込まれていくのが見えた。日本で言えばいわゆるモノレールに該当する、バンコクでの足として欠かせない公共の乗り物だ。カメラの電源を入れ、のろのろと走る車両にピントを合わせシャッターを何回か切った。部屋はイマイチだが、眺望は案外悪くない。

荷物をまとめてロビーに降りると、若いボーイが両手を合わせて迎えてくれた。

「グッモーニンサー」と英語で挨拶されたのに、「サワディーカップ」とタイ語で返すと、ボーイはキャスターを僕から奪うようにして前を歩いていく。

「荷物を預けますよね？」

不自然さを感じさせない口調で彼は言った。飛行機の出発は夜なのだが、何でわかったのだろうか。気が利くスタッフに出会うと、ホテルの印象ががらりと良くなる。そのままフロントでチェックアウトを済ませた。

外へ出ると途端に眼鏡が曇った。さらにはファインダーを覗くと真っ白で、一瞬カメラが壊れたかと戦慄した。エアコンが効きすぎるほどに効いたホテルの中と比べて、温度差は二〇度以上はある。ただでさえ暑いタイが、一年で最も温度が上昇する時期だった。乾季から雨季へ移り変わる前の、暑季とも称される灼熱の日差しが、寒い北国からやって来て免疫がついていない弱肌を焼く。

まず向かったのは、「ＭＢＫ」というショッピングセンターだった。ガイドブックなどでは「マーブンクロン」と載っているが、略称のＭＢＫで呼んだ方が実際の通用度は高い気がする。ここの四階には携帯電話やスマートフォンを売る店が集まっており、その手のガジェット類を好む旅人にとっては聖地とも目されている。

ちょうど某男性誌の仕事で、このＭＢＫを紹介する記事を書いたばかりだった。出発間際に編集部からゲラが届いたのだが、校正は後回しにしていた。折角バンコクへ行くのだから、できれば写真を最新のものに差し替えたかったし、価格相場を改めて調査する心積もりでいたのだ。要するに取材である。

その記事は、土日プラス有給休暇で行ける旅プランをいくつか読者に提案するもので、バンコク編では「最新スマホを買おう」をサブテーマに設定していた。

スマートフォン、略してスマホ。ここ数年で旅先のネット環境が激変したが、その立役者となったのは、手のひらに収まるこの新しい情報端末だ。以前のように、無線ＬＡＮを探してウロウロする必要は最早なくなった。現地でＳＩＭカードを購入すれば、携帯電話の電波さえ入るならどこにいてもネットにアクセスできる。

旅に出た時ぐらい、オフラインでいたい気持ちがないわけではない。けれど、極端に情報化が進んだ現代において、現地でネットが繋がるか否かは、旅の行く末を大きく左右するのも事実だ。調べ物や、その日のホテルの予約、地図など、一度使い始めると便利すぎて手放せなくなる。僕のような愚図《ぐず》な旅人にとっては、異国の旅の不安を取り除いてくれる心強い相棒なのだ。

バンコクのＭＢＫには、最新のスマホがずらり揃っている。日本ではまだ売られていないものや、大人の事情で日本発売が見送られた機種など、選り取りみどりで、最新ハイテク機器に関心のある旅人にとっては、宝の山状態だ。小さな個人経営の店が、千単位で集まったフロアは、何も買わずとも、ぼんやり眺めながら彷徨《うろつ》くだけで、宝探し気分が味わえる。

バンコクに来る度に毎回訪れているくせに、こうして真っ先に足が向いてしまうのは、僕が根っからのオタク人間だからなのだろう。一人で海外を旅するなんて、本来は柄ではないのだ。一歩間違えたら、家に引きこもって日がなネットばかりするような、暗い人生を送っていた可能性は否定できない。

幸か不幸か、僕は旅人の道を選んだ。けれど、依然としてオタクでもある。ネットをしたいからといって引きこもる必要はない。

目指すはアウトドア派の、明るいオタクだ。

*

世界で一番旅人にやさしい街は？　そう問いかけられて真っ先に思い浮かぶのがカオサンだ。バックパッカー向けの安宿街のイメージが根強いが、異国からの闖入者《ちんにゅうしゃ》を温かく抱擁するあの空気感は、バックパッカーでなくても心地いい。

来る者は拒まず、去る者は追わず――を体現した街。構って欲しい人には話し相手を、静かに過ごしたい人には安らぎを提供してくれる。あまりの居心地の良さに長逗留を決め込む人が後を絶たないのも頷ける。

昔気質の旅行者の中には未だに「カオサン通り」と、「通り」を付けて呼ぶ向きもあるようだが、そう呼ぶ人たちには最後に訪れたのはいつですか？　と訊ねたくなるほどにこの街は様変わりをした。

お洒落なカフェやナイトクラブが次々登場し、アップル製品を売るガラス張りのショールーム風の店や、ＬＣＣのオフィスまでがラインナップに加わった。発祥となった「カオサン通り」の賑やかさは相変わらずだが、もはや拡大に次ぐ拡大を重ね膨張した「カオサン」エリアの一部に過ぎない。

中心部から遠く離れ、ＢＴＳや地下鉄の路線網からは蚊帳《かや》の外に置かれてしまったカオサンは、利便性だけを考えると、短期旅行者には不便極まりない。けれど僕は、バンコクへやって来ると、用もないのについフラッと立ち寄ってしまうのだ。

大気をも焦がしそうな猛烈な日差しから気休め程度でも逃避するためか、日陰を辿るようにして徘徊する外国人の姿が印象的だった。気が向くまま写真を撮りながら道行く旅人たちを観察すると、日本人の若い男女もちらほら目につく。

韓国人や中国人もいるが、身なりや醸し出す雰囲気からパッと見ただけで日本人と区別できるのは、自分が日本人だからなのだろう。

以前にアフリカへ行った時のことだ。別に偏見はないつもりだが、ケニア人もタンザニア人もザンビア人も、僕には同じ国の人に見えた。逆に彼らからすると日本人も韓国人も中国人として括られてしまうのだが……。

同じ日本人でも、カオサンを闊歩《かっぽ》する旅人は、スクムビットあたりで見かける日本人とは層が異なる。一括りにはできないが、やはり多くは若い。大きなバックパックを背負い、『地球の歩き方』を手に持って宿探しをしている風の、典型的なバックパッカーを見つけると、僕は不思議と胸を撫で下ろす。

　路地を抜け屋台が集まる一角へ出て、一軒の麵屋で汁無し卵麵をオーダーした。細かくなった氷が溢れんばかりのコップにコーラを注ぎ、冷をとる。

　すると、向かいのテーブルに日本人らしき若い男性が座った。改めて屋号を眺めると、看板のタイ語の隣に汚い手書き文字で日本語が併記されている。カオサンに拠点を置く旅人たち御用達の店なのだろうか。

　あまりジロジロ眺めるのも失礼と自制しつつも、僕の視線はついついその日本人男子の方向へずれてしまう。短パンから覗く膝下の肌は真っ白く、Tシャツはアイロンをかけたかのようにピシッとしていて皺がない。そしてキャンプにでも行くかのような鍔《つば》の広いハットタイプの帽子——。

　バックパッカー一年生？　全身から初々しさを放っていた。旅人としては幼かった頃の自分の映し鏡を覗いたような、甘酸っぱい想いが込み上げてきた。

　若者の海外旅行離れ、なんて言葉をメディアが連呼するようになった。

　本当なのだろうか？　とこの手のネガティブキャンペーンにはまずは懐疑の目で接することから始めるのが習い性だ。多くのメディアでは年代別の出国者数のデータなどを根拠として示すが、同時に若年層の人口比率も下がっているので、それがデータとしてどこまで信用に値するものなのかは定かではない。

ただ、明らかに年金暮らしと思しき日本人のおじさん、おばさん連中ばかりが国際線機内の多数派を占める現状をここ数年目の当たりにしている僕としては、感覚的に腑に落ちるものはある。

自動車離れや、ビール離れなど他にも同種の「なんとか離れ」があるらしく、それらがさも大きな問題であるかのごとく報じられる一方で、何でそうなったかの根本原因はあまり論じられないことこそが原因の一つなのではないかと素朴な疑問が湧く。

バブルのツケを払わされ、上が居座り続けるせいで出世の道は物理的に閉ざされ、年金なんて完全に納め損になってしまったらしい三〇代の自分たちよりも、さらに明るい展望が見出せない状況に置かれた今の二〇代に、無神経に自分たちの価値観を押しつけようとする大人たち。当事者である若者たちにとっては余計なお世話だろうにと、すでに若者とは呼べない年代に差し掛かってしまった者として、それこそ要らぬお世話を焼きたくなるのだった。

バックパッカーに年齢制限なんてあるはずもないが、若さが手助けする局面はきっと存在する。「タイは若いうちに行け」なんてキャッチコピーも随分昔流行った。絶対数は減ったのだとしても、旅を志す者が絶滅することはない。

街は大変貌を遂げたが、カオサンが担うものは今も昔もブレていないのだ。

わずか一〇バーツで食べられるパッタイ屋の下で猫が欠伸《あくび》をしていた。偽の学生証を売る露店の女が暇そうに携帯をいじっていた。

いるところにはいると、そんな感想を抱いたのは、実はカオサンがこの旅で二度目だった。昨晩ほろ酔い気分で夜道を彷徨《ほうこう》していた時のことだ――。

ナナプラザという、裏バンコクの顔的存在とも言える歓楽街に足を踏み入れていた。何軒もの飲み屋が寄り集まった広場を、ゴーゴーバーが入った雑居ビルがコの字形に囲んでいる。素面《しらふ》で近寄るには勇気が要る、いかがわしげな場所だ。

綺麗なお姉さんにひっきりなしに腕を引かれたり、

「アナタノコトガスキデス!」と怪しげな日本語でなぜか突然告白されたりしたが、笑顔でやり過ごして階段を上った。

綺麗なお姉さんは、お姉さんではなくお兄さんである可能性も高いが、ネオンが彩る現実離れした空間と、汗と香水が混じり合った妖艶な匂いに理性を失っている男たちにとっては、きっと取るに足らない問題なのだろう。

明るいレンズに付け替え、できるだけ目立たない場所に潜むようにしてカメラを構えた時だった――上擦《うわず》った声が耳を通り抜けていった。

「すげー。ここ逆ナンゾーンじゃん」

「やっぱいいね」

振り返ると男だけの一団が目をぱちくりさせていた。渋谷の街なんかを普通に歩いていそうな、お洒落でイマドキの若者たちだ。女性にモテない感じはしない。垢抜けた雰囲気はむしろ異性には困っていなさそうにも見える。何故こんな場所に？　狐につままれた気分で、思わず彼らを目で追いかけてしまった。

「一人で来てるの？」

空いている椅子に座り、煙草を吹かしていると声をかけられた。振り向くと、同じ歳ぐらいのタイ人の男がニコニコしていた。界隈の店で働くスタッフか何かだろうか。外見は男だが、声は高く、話し方もオットリしている。オカマちゃんか――。

「中に入らないの？　可愛い子いっぱいいるよ」

「え、いや、いいよ。写真撮りに来ただけだから……」

僕はカバンのジッパーを開け、中に忍ばせているカメラをちらりと見せる。

「写真？　あなたカメラマンなの？　店の中は撮っちゃ駄目よ」

「外は大丈夫でしょう？」

「うん、外はいいけど、気を付けた方がいいわよ。あなた、いいカメラ持ってるみたいだし。中は駄目。隠れて撮るのも駄目」

さすがに隠し撮りする勇気はない。見つかったら、怖いお兄さんにこってり絞られそうだ。オカマちゃんはティーと名乗った。ゴーゴーバーで働いているうちに、日本語を覚えたのだそうだ。他にも中国語とスペイン語も少しわかるという。

「私の店、オカマは五人もいるのよ」とティーさんはケラケラ笑う。

「ワタシ、日本人が大好き。日本人優しい」

「ありがとう。でも、タイの人もいい人多いよ」

「タイ人良くないよ。みんなお金が大事。この国の首相知ってる?」

「知ってるよ。アピシットさんでしょう」

「そう、アピシット。最悪よ。お金……たくさん」

ティーさんは吐き捨てるように言った。両手をガバッと大きく広げ、何かを手繰り寄せるようなジェスチャーを交えつつ説明しようとする。

「日本語でなんて言うんだっけ?」

「……うーんなんだろ、ワイロ?」

「そうそれ。ワイロよワイロ。あとステープ、知ってる?」

「ええと、ステープさんは副首相だっけ?」

「はいそう。あいつも最悪」とティーさんはウンザリした表情を浮かべる。

タイは表向きは民主主義の国ということになっているが、実情は複雑だ。現在の与党はデモ隊による空港占拠、司法クーデターを経て、選挙で民意を問うこともなく権力の座についた。政権を奪われた側は、議会の解散総選挙を求めデモを行ったが、与党側は軍を動員して排除したため、バンコクは大混乱に陥った。ちょうど一年前の話だ。黄シャツ対赤シャツの戦いとして、日本でもメディアを賑わした。

「でも、日本の首相も駄目ね」

ティーさんは最後にそう付け加えて話のオチとした。駄目出しされても反論材料がないのは悔しい。日本の政治が迷走していることは外国でも周知の事実なのか。

折角来たのだし、一杯飲んでいくことにした。酒をあおりながら、シャッターチャンスを窺う作戦だが、上気した外国人を観察するのもなかなか興味深い。

オープンエアのバーは、いかにも南国といった趣で、溜まっていた昼間の熱気を気だるい風がさらっていくのが小気味良い。ハイネケンの小瓶を頼むと、ぽっちゃりとした浅黒い肌の女性が左隣に来て手を合わせた。どこから来たのかと訊かれたので、「日本」と答え、「君は?」と返すと、スリンだと言う。行ったことはないが、象祭りで有名な、イサーン地方の中規模都市であることは知っている。

「ウェディーンマイ?」鋭い目つきで女性に見つめられた。

えっ、何を言っているのだろうか? 僕が目を丸くしていると、女性は僕の左手薬指のリングを指差しておどけた表情を浮かべた。そうか、ウェディーンは英語の wedding なのだ。最後のマイはタイ語で疑問文に使う常套句である。

「結婚しているの?」彼女はそう訊いたのだ。

英語とタイ語のちゃんぽん。いい加減な会話だが、これで十分に通じるのだから言った者勝ちとも思えた。英語に対するコンプレックスがあるせいか、美しい文章で会話をしようとするあまり、尻込みしてコミュニケーションの可能性を閉ざしがちな自分を反省した。

とはいえ、女性がしつこくコーラを奢ってくれとせがんでくるのが、鬱陶《うっとう》しかった。どちらかと言えば、スマートフォンでもいじりながら、静かにムッツリ飲んでいたいのだ。だったら、こんな場所へ来なければいいのだが……。

「コーラー？」と嬌声を上げるのを、煙草に火をつけながら聞かなかったそぶりをしていたら、女性はやがて諦め去って行った。後ろ姿を目で追うと、別の男たちに声をかけている――あれ？　さっきの日本人のお洒落な若者の一団だった。

「どうするー？」

「あっちの店の方がよくね？」

日本語だから彼らの台詞の一語一句がクリアに耳を抜けていく。ビールをあおりながら改めて周囲を観察すると、他にも日本人の若い男たちの集団が何組もいることに気がついて、再びおやっと唸った。

彼らとはおそらく同世代なのだろうが、カオサンにいる若者たちとは異質な人種なのだと感じた。あえて旅人をジャンル分けするなら、全く種類の違うタイプの若い旅人が同じバンコクという街を共有している。そのことは僕にとってはとても興味深い事実に思えた。

大人たちが「海外旅行離れが……」などと知った振りをする一方で、いるところにはいるのだ。異国の地ですれ違うと、お節介な僕は彼らの背中に応援の言葉を投げかけたくなる衝動にかられる。色街で浮かれ羽目を外す若者たちにも、安宿街の路上の屋台で真剣に地図を見つめる若者たちにも。

ＬＣＣでインド行き

調子に乗って昼間からビールをグビッとしたら、汗が止まらなくなった。

太陽光が帽子の繊維を突き抜けて頭を襲い、アスファルトに照り返されて下からも容赦なく炙《あぶ》る。鍋の中で空焚きされているような手加減のない熱気に、身体の中の水分を搾り取られていく。背中にべったり張り付いたＴシャツが足取りを重たくさせる。

あと一ヶ月もすると、タイでは「ソンクラン」と呼ばれる国を挙げての祭りのシーズンが到来する。友人、知人、隣人、赤の他人関係なく、暴力的なまでに延々と水を掛け合うこの祭りが、タイ人にとっていかに心待ちなものであるかが理解できた気がした。鍋の温度が最高潮に達した瞬間のゴーサインなのだ。祭りの時期は毎年三桁単位で死者が出るほどの乱痴気騒ぎになるが、箍《たが》が外れるのも納得である。

ホテルに戻ってきた後、避暑を兼ねて近くのカフェに腰を落ち着けた。パソコンを開くと店名と同じ名前の無線LAN電波を拾ったので、店員を捕まえ訊ねると無料でパスワードを教えてくれた。といってもパスワードはアルファベット小文字の「a」を一〇個続けたもので、良くも悪くもタイらしいゆるさに僕は頬を緩めた。

MBKで取材したばかりの内容と写真を整理し、日本にいる編集者へメールで送った。ネットでニュースなどをチェックしていると、早くもメールの返事が届いた。現場から直送の取れたて情報に興奮してくれたのか、レイアウトを変更して要素をさらに追加したいと記されており、ホッと胸を撫で下ろす。これにてお仕事終了。

預けていた荷物をピックアップして、タクシーを止める。ドアを開け、乗り込む前に運転手に「マッカサン駅まで」と告げる——運転手はかぶりを振った。

バンコクのタクシーは手強い。というより、我々日本人が想像するタクシーの基本像とはえらくかけ離れている。行きたくない場所だと断固拒否されるのだ。行きたくない理由は不明だが、あそこは渋滞するから、知らない街だから、などの恐らく個人的な我が儘によるものだろう。

もっとも、当の運転手たちはそれがさも当然と思っている雰囲気で、客であるバンコクっ子たちもあまり疑いの念を抱いていない様子だ。断られる前提で声をかけ、駄目ならさっさと別の車を当たる。諦めが日常化しているので、お願いです、どうか乗せて下さいと懇願する目で目的地を口にしなければならない。

立場が逆転している。異国からの旅人を悩ます異文化の壁だ。

でも、この時は幸運なことに、二台目にして無事に後部座席に収まることができた。カーステレオから大音量でタイの演歌を流しているタクシーの運転手は、目的地を聞いて三秒ぐらい迷った後、無言で頷いた。

だがしかし——。

走り始めて角を二つ曲がっただけで、運転手はサイドブレーキを引いた。フロントガラス越しに覗くと車が詰まっており、ピクリとも動きそうにない。

「渋滞ですか?」タイによく来るようになって、真っ先に覚えたタイ語で訊いた。

「見ればわかるだろう」といったそぶりで運転手が何かを言ったが、正確な意味までは僕のタイ語力では解釈できない。

五分経ったが五センチも進まなかった。一〇分待っても、サイドブレーキは引いたままだった。僕は腕時計に目を落とす。余裕を持って出発すれば良かった……。

「アソーク、パイマイダーイ」運転手が忌々《いまいま》しげにボソッと呟いた。アソークという名の大きな交差点があるのだが、その界隈の道はよく混雑している。パイマイダーイは「行けない」という意味だ。

大きな荷物を持って空港列車の駅へ向かおうとしている客だから、こちらが飛行機に乗ることぐらいは運転手も察しが付いたのだろう。僕が繰り返し時計を気にしていると、とうとう運転手は強引にUターンをかまし始めた。来た道を引き返して、別のルートで遠回りしてくれるらしい。

大通りに出てしばらく走ると、高速道路の看板が右前方に見えてきた。僕は再び時間を確認する。列車は諦め、このままタクシーで高速に乗って空港まで直行した方が良いかもしれない。

賭けだった。高速が渋滞している可能性もあった。

真っ直ぐ行けば駅、右に曲がれば高速道路で空港直行――。

逡巡した後、僕は「右折して下さい」と運転手に言った。運転手はハンドルを切りながら、ヤードムというタイではポピュラーな嗅《か》ぎ薬のスティックを鼻の穴に突っ込み、気合いを入れ直したようだった。

空港に着いた時には離陸まで一時間を切っていた。メーターには「205」の数字が赤いランプで灯っている。高速代七〇バーツと合わせて計二七五バーツの運賃を払おうとして財布を開けた――一〇〇バーツ札がなかった。五〇〇バーツ札を渡したら、運転手はちらりと視線を走らせ両手を上げた。

じゃあお釣りはいいです、とチップにするには惜しい額だった。

「これしかないんですよ」身を乗り出し財布の中を見せると、やれやれといった感じで運転手は車を降りた。前後に停まっている別のタクシーや、車の列を誘導している警備員に声をかけているが、埒《らち》が明かないようだ。

促されるまま僕は荷物を持って、彼と一緒に空港の建物の中へ入った。運転手は足早に出発ロビーの人波をかき分け、ずんずん進んでいく。誰も並んでいないチェックインカウンターを見つけて、航空会社の職員に交渉を始めた。

……さすがに、そこじゃあ崩してくれないと思うけど。

僕は舌打ちしながら、壁の時計に目を遣った。こうしている間にも出発が刻一刻と迫っている。案の定交渉に失敗した運転手が戻ってきて、建物の奥を指差した。付いていくと、銀行の両替窓口があった。最初からここに来れば良かったのに……。しかし窓口には外国人旅行者が列を作っていた。一度歯車が狂い出すと、何もかもが上手く回らなくなる典型のようだった。

なんとか両替を終えた運転手は、僕に二二〇バーツを返してくれた。

五〇〇引く二七五は……二二五である。あれっ、五バーツ少ない？　とはいえ目くじらを立てるような金額でもない。東奔西走してくれたチップにしてはむしろ少ないかもしれない。タクシーによっては、この状況なら二〇〇しかお釣りを寄越さない者もきっといるだろうなあと推察した。

「コップンカップ、サワディーカップ」

ありがとう、さようならと運転手にお礼と挨拶をし、自分が乗る航空会社の搭乗窓口へ僕は急いだ。

*

前の座席の背もたれに見事に膝がつっかえる。欲張ってシートを多く入れ過ぎなのだ、と悪態をつく。昨日乗ったばかりのビジネスクラスとのあまりの格差に敗北感を味わう。デリー行きのエアアジア機の、狭さが強調されたキャビンで、僕は憮然《ぶぜん》とした表情で窓の外の暗闇を見つめていた。

エアアジアに乗るのは初めてではない。ＬＣＣと呼ばれる格安航空会社の代表格だ。ＬＣＣとはローコストキャリアの略である、サービスを最低限まで省略し、予約はウェブ中心、効率化を追求して従来では考えられなかった低価格運賃を実現した、などという説明はそろそろ不要になってきた感があるだろうか。

昨年あたりから、日本にもＬＣＣが就航し始めていた。世界のトレンドから何周も周回遅れだが、羽田〜クアラルンプール間が片道五〇〇〇円などという破天荒な激安ぶりは、世間の注目を集めるのに十分な破壊力があったように感じられた。

旅人にとって、お金の安さは絶対的な価値を持つ。

バンコクからデリーまで、税金や燃油サーチャージなど諸々すべて込みで五二八〇バーツだった。日本円にして約一万三〇〇〇円は、他の選択肢を圧倒していた。

革張りのシートに身を埋《うず》め、感熱紙に印刷されただけのチープな搭乗券を見ながら、インドの入国カードに便名を書き写した。ちなみにＬＣＣのシートが革張りなのは、別に豪華さを演出しているわけではなく、掃除が楽だから、らしい。

それにしても──。慌ただしい搭乗だった。乗り過ごしそうで冷や汗をかいた。

チェックインカウンターでも一悶着があった。パスポートにインドのビザがないことが槍玉に上がったのだ。

「向こうの空港で取れるって聞いてますけど」

カウンターの女性は、僕の説明に顔をしかめた。どこかへ電話をかけ、最終的にはＯＫが出たのだが、さらに無駄な時間を浪費した。

「二〇分前には閉めますので、それまでに搭乗口へ行って下さい」

そう言われた時点で、あと三五分しかなかった。急いでタイの出国審査に向かうと、長蛇の列ができていた。この空港では見慣れた光景だが、気持ちが先走って落ち着かない。

並んでいると、間が悪いことに携帯に電話がかかってきた。仕事でオーストラリアへ出張中の奥さんからだった。

「元気にしてる？　明日から電波が繋がらなそうなので、かけてみたんだけど」

「うん、とりあえずは。ていうか、今ちょっとやばそうだけど」

「今？　どこにいるの？」

「空港でイミグレに並んでる。出発まで時間がなくて……」

「あと何分あるの？」

「三〇分ぐらい」

「えっ、一五分前には閉まるよ」

「カウンターでは二〇分前って言われたけど。まあでも、結構ギリだね」

「じゃあ電話してる場合じゃないね」

「……うん、ごめん。そっちは大丈夫？」

「もういいよ。切るよ。インド気をつけてね」

「はいはい。そっちもね」

じゃあね、とお互い言い合って通話を切った。僕よりも一足早く日本を出ていた奥さんにはすでに積もる話がありそうな雰囲気だったし、僕の方からもインド渡航歴五回を誇る彼女に訊きたいこともあったのだが、この状況ではやむを得ない。

幸い出国審査の進みは遅くはなかったが、続く荷物検査で腰に巻いたベルトのせいでピーと音が鳴って時間を食った。

ほとんど走るような速度で歩を進めるも、ここからが結構距離がある。スワンナプーム国際空港の巨大さが恨めしかった。搭乗口Ｆ１ａの看板が見えた時には、出発一七分前だった。二〇分を切っている——。

間に合うだろうか。置いてけぼりになったりして……。

——前方にインド人の夫婦がいた。間に合った！　かろうじて。

搭乗口のすぐ近くにトイレがあるのを見つけ、係の女性に「行ってきてもいいか？」と訊いたら、露骨に嫌な顔をされた。

「急いで下さい」

ぶっきらぼうな返事だったが許可は出た。用を足して戻ってくると出発まで一二分だった。飛行機はボーディングブリッジ直結ではなく、停めてある駐機場までバスで移動するらしい。経費を節約するためなのだろう。なるほどＬＣＣに乗るんだなあと実感が湧いてきた。僕は最後の乗客ではなかった。もうほとんど出発時間だというのに、のんびりとした足取りでインド人の乗客が乗り込んでくるのが可笑しかった。

搭乗して自分の座席を見つけると、隣に若い男が立っていた。僕が来るのを待っていたようだ。インド訛りの英語で話しかけられた。

「妻と座席が離れてしまったので、替わってくれませんか？」

遠慮がちにそう言うと、機内後方を顎でしゃくって示した。その方向に視線を動かすと、サリーを着た若い女性と目が合った。

僕は別料金を支払って座席を指定していた。ＬＣＣとはそういうシステムなのだ。たいした金額ではないけれど、だから彼らから相談され突っぱねることも考えた。少しだけ逡《しゅん》巡《じゅん》したが、同じく窓側だというのもあり「オーケー」と了承した。若い妻の不安げで祈るような顔を見た後で、断れるだけの図太さは僕にはなかった。

しかし座席を移った途端後悔した。でっぷりと太ったお相撲さんのような男が隣にやってきたのだ。肘掛けを奪い合う気にもなれなかった。ただでさえ狭い座席がさらに圧迫された空間に悪化した。

ＬＣＣは良くも悪くも格安エアラインだった。飲み物もなければ機内食も出ない。飲み食いしたい人は、有料でオーダーすることになる。

僕は予約時に前もって機内食のオプションを選択し、料金も支払い済みだった。

離陸して水平飛行になり、キャビンアテンダントが機内食を配り始めたところで、「あっ！」と気がついた。座席をチェンジしてしまったから、機内食はどうなるんだろう。キャビンアテンダントを観察すると、機内食は座席番号を見ながら、注文してある人にだけ配っているようだった。僕は彼女たちを呼び止め、搭乗券を見せて座席が移ったことを説明しなければならない。

何を頼んだのか自分でも忘れていたが、サーブされたのはパスタだった。のびのびのアルデンテどころではない麺に、べちゃべちゃのミートソースがかかっていた。ため息が出るほどにひどいパスタだった。

何とはなしに、シートポケットの食事メニューをパラパラめくる。大きな写真が載ったファミレスのメニューのような冊子には、グリーンカレーやパッタイといったお馴染みのタイ料理が並んでいた。値段はだいたいどれも一〇〇バーツ程度。予約なんてしないで、これを見て頼めば良かった。

メニューの表紙には「March」と英語で書かれている。月ごとに内容が更新されるのだろうか。そういえば思い出した。今日は三月一日だった。新しくなって間もないメニューのはずなのに、なぜかもう折れ曲がってヨレッとしていた。

食事が終わると、前の人が背もたれを倒した。隣の太った男は大きく股を広げてスペースを占有している。足の置き場がなかった。

僕は身を縮こめながら、窓の外を見つめ続けた。

インドが近づいていた。

旅人の決断

第二章

Before Travel

Tokyo
Singapore

ノマド志向の仕事場探し

ここで時計の針を少し巻き戻す——。

——会社を辞めてから、旅立つまでのお話。

新しい生活が始まったのは、昨年暮れのことだった。クリスマスを間近に控え、街が華やかに彩られる中、決して華やかとは言えない門出だった。

会社員を辞めて旅人になった。職業という意味において対外的な公式発表としてあえて述べるなら、副業だった旅行作家業が専業に変わった時期だった。

どこで仕事をするかが、さしあたっての懸念事項だった。

手っ取り早いのは自宅だが、気乗りはしなかった。狭い部屋にはごちゃごちゃとモノが散乱し、作業するスペースはないに等しい。おまけに本やゲームなど娯楽アイテムだらけだから、気が散って仕事どころではなくなりそうな危うさもある。

何より、ベッドがあるのと同じ部屋で仕事をするのは嫌だった。睡眠欲だけは人一倍強い性格なので、眠くなってすぐに横になれる環境だと、誘惑に負けるかもしれない。いや、必ずや負けるだろう。

やはりプライベートと仕事は分けて考えたい。仕事といっても旅のことを書くという、限りなく趣味に近しいものだが、それでもケジメは必要だと感じた。

どこかに仕事場でも借りようかな、となんとなく企んでいたのだ。

でも、お金がかかりそうだしなあ……。金勘定は正直かなり適当で「ざる」なのだが、会社員のように毎月決まった収入が入ってくる生活ではなくなることを考えると、無駄な出費はできる限り抑えたいのも本音だった。

ちなみにこれまではどうしていたかというと、専《もっぱ》ら喫茶店を利用していた。会社で個人の執筆仕事をするわけにもいかない。勤務が終わったら、通勤途中の喫茶店で小一時間自分の仕事をして帰宅するのがルーティーンだった。

一時期、駅前のドトールコーヒーにほぼ毎日入り浸っていた。我が家では、「オフィス・ドトール」などと愛着を込めて密かに呼んでいた。アルバイトの店員さんの顔を覚えたほどで、店員さんも口に出しては言わないものの、「この人、毎日来るなあ」と呆れてそうな表情をしていたのが印象深い。

コーヒー一杯だけで粘っていると、学生時代に試験勉強をしていた頃を思い出す。僕が今暮らす街は近くに大学があり、試験前になると、勉強中の学生たちと席の取り合いになることもあった。

原稿の〆切が立て込んでくると、週末にビジネスホテルに部屋を取ることもあった。もちろん出版社がセッティングしてくれるような大先生ではないから、自分で勝手に予約して宿泊費は自腹である。これは「自主カンヅメ」と呼んでいた。狭くて殺風景な部屋に自分を追い込むことで、ようやく筆が走り始めるのだ。夏休みが終わってから夏休みの宿題を始めるのが常だった小学生時代から、実はたいして成長していない自分の愚かさを痛感した。

それほどまでに自宅では仕事をしたくなかったし、できなかったのだ。

一方で、必ずしもどこか一ヶ所に定住する必要はない、という考えも最近は芽生えつつあった。「ノマド」などという言葉もよく耳にする。ネット環境さえあればどこにいても仕事ができる時代の中で、現代の遊牧民として移動を繰り返しながら生きていくライフスタイルは、旅人を自認する自分としては殊更に違和感は覚えない。

三〇代も半ばを迎えると、同世代の友人・知人たちの中に、マンションを購入したり、マイホームを建てたりする者も珍しくなくなってきていた。そんな話を聞く度に、僕は素直に感心させられるし、彼らを見つめる目に尊敬の念が加わるのだけれど、翻《ひるがえ》って自分はどうかといえば、家を買ったり建てたりするよりもノマドな人生の方にこそ憧れを抱くのが正直なところである。落ち着きのない性分なので、何十年も同じ土地に縛られて暮らすなんて、むしろ想像がつかないのだ。

だから不動産なんてものには大して興味はなかったし、知識も乏しい。独身時代はアパートを借りて一人暮らしをしていたが、今となっては昔話だ。

仕事場を借りるということは、すなわち賃貸契約を結ぶことである。お金の問題に加え、ノマドな在り方とは逆行する形になるのが、自分の中でひっかかっていた。

不動産屋を訪れたのは、単なる気まぐれと、あとは若干の社会勉強の気持ちからだった。借りようと、本気で腹を括っていたわけではなかった。

きっかけはネットだった。グーグルマップ上に賃貸物件が表示される機能があることに気がついた。軽い気持ちで自宅の周辺を探ってみたのだが、冷静に考えるとこれは画期的な仕組みである。なにせ地図上にそのものズバリで表示されるのだ。近所の見慣れたアパートの家賃がいくらなのか、など簡単に判明してしまうのだ。

街の不動産屋に貼られた賃貸物件の広告は普通、家賃や間取りなどの条件が列挙されているだけだ。どんな場所にあるのかまでは、それだけではわからない。旅に出るのにホテルを予約する時もそうだが、スペック的なもの以上に立地が気になるのだ。「駅から徒歩一〇分」などと書かれた広告よりも、地図を見ながら選ぶ方が遥かにイメージが湧く。

そんなふうにして、かちかちクリックしている時だった。

家賃の金額を見て、マウスを持つ手が震えた。

――三万五〇〇〇円。あらっ、そんなに安い物件があるのか。

独身時代は今住んでいるところから二駅隣の街にアパートを借りていた。大家さんの住居と一体化した古いアパートで、下の部屋の物音が聞こえるようなレベルの部屋だった。あれで確か家賃は七万円であったと記憶している。三万五〇〇〇円はその半額ではないか。

詳しく見ていくと、木造二階建て、広さは一九平米と書いてある。ビジネスホテルだと一四平米ぐらいの部屋も普通なので、一九平米はそれほど狭いとは思えない。そもそも仕事場として使うだけなら、ベッドなどの嵩張《かさば》る家具類を置く必要もないから、広さは最低限で構わないのだ。

さらに目を瞠《みは》ったのは、礼金なし、敷金一ヶ月という記述だ。

部屋を借りるとなると、ある程度まとまったお金が必要だと認識していたから、いい意味で意表を衝かれた。敷金は戻ってくるわけだし、仲介手数料を払うとしても、初期費用はアジアの都市を往復する航空券程度で済みそうだ。

冷やかし半分で問い合わせフォームに記入して送信したら、翌日には不動産屋の担当者からメールが届いた。

「お問い合わせいただいた物件ですが、内見は可能です。担当M」

苗字だけだったので、Mという担当者が男性か女性かまでは区別ができかねたが、丁寧な文面を見て、僕は訪問希望日時を伝える返事を書いた。

自宅からは私鉄で一つ隣の駅前にその不動産屋は位置していた。隣の駅とはいえ、これまでほとんど降りたことがなかったので、見慣れない商店街に心が弾んだ。我が家の近所にもあるスーパーのチェーン店脇を通り抜けると、ドラッグストアや、花屋、ラーメン屋などが建ち並ぶ。住宅街に密着した、こぢんまりとした商店街から、静かでかつ、そこそこ快適な住環境が想像でき、街の第一印象は好評価だ。

狭い路地を挟んで神社の目の前に不動産屋を見つけた瞬間、心がざわざわした。別に信心深い人間ではないつもりだが、神社と向き合う形で佇《たたず》む古めかしい店構えが、御利益のあるパワースポットのようにも思えたのだ。

引き戸を横にスライドさせ中へ入ると、途端に昭和な雰囲気が漂っていた。小綺麗にはしているが、洒落っ気はない。レトロというよりは、ただ単に古びて歴史を感じさせる店内がそこに広がっていた。

入口脇のデスクで気だるそうにパソコンをいじっていたおじさんと目が合い、どうぞどうぞと席を空けてくれた。Mさん、いらっしゃいますか？　と訊ねると、おじさんはお待ち下さいと言って、後ろでお弁当を食べている男に声をかけた。

「お待たせしました。Mです」

口をモゴモゴさせながら現れたのは、僕と同い年ぐらいの男性だった。細面でスラッと背が高いが、髪の毛には寝ぐせが付いていて、背広もどこかヨレッとしている。

「すみません、お食事中でしたか」

「いえ、大丈夫です」

間が悪い訪問になったが、すぐに物件を見に行きましょうとMさんに促された。もう一つオススメの物件があるので、ついでにそこも見て欲しいと言われ了承した。

「今日はどちらからいらしたのですか？　お住まいになるのは一人でしょうか？」

アパートまでの道すがら、さり気ない会話をしながら探りを入れられる。下手に隠したり嘘をつくのもどうかと思い、僕は正直に仕事場を探していて、寝泊まりするつもりはないことを説明した。あくまでも住居用途の物件なので、イレギュラーな利用目的だからと断られたりするのかな、と内心ビクビクしていたが、Mさんは朗《ほが》らかな表情を崩さずに頷いた。

「最近そういった目的で借りられる方が増えましたね。自分もよくは知らないのですが、この前来たお客さんはインターネットで起業されるんだと言ってましたよ」

「へえ、そうなんですか」

「事務所利用可って書いてない物件でも、大家さんがオーケーすればたいてい問題ないです。先にもう一つのオススメの物件から回りますが、そこも前にいた方は通信販売の倉庫として使っていたみたいです。家賃の安いものがご希望でしたよね？　そこはなんと二万五〇〇〇円ですから」

「えっ、二万五〇〇〇円ですか！　そんなに安いんですか……」

Mさんは訥々《とつとつ》と言葉を発する割には話好きらしく、こちらが聞いてもいないのに、色々と知識を披露してくれた。不景気で地価が下がっているのか、都内でもこのあたりは数年前と比べて家賃相場はグッと安くなったのだという。以前は七万円ぐらいした物件も今なら五万円台だと、Mさんは鼻の穴を膨らませて語った。

それにしても、二万五〇〇〇円は群を抜いて安い。いくら何でも……と疑いを持ちながら訪れると、やはり値段相応の物件だった。昔ながらの下宿という感じの木造アパートで、階段を一歩上るごとにミシミシ音が鳴る。部屋は畳の四畳半で、トイレは共同だ。日当たりが悪くて気分が滅入りそうになる。

築三〇年以上は優に超えるだろう古色蒼然たる部屋の隅っこに、前住人が設置したと思しき真新しい光ケーブルの先端が転がっているのが悲しみを倍加させた。ネットで通信販売をしていた彼――もしかしたら彼女かもしれないが――はMさんによると、商売が上手くいかなかったらしく、わずか三ヶ月で引き払ってしまったのだという。これから事務所を構えようとしている人間にするべき縁起の良い話ではないことに、僕は内心苦笑した。

「どうですか？　少し古いですけど、家賃安いですし、ここも礼金不要ですよ」

「うーん、味のある部屋だとは思うのですが……」

僕は頭を掻きながら、婉曲に感想を伝えた。Mさんは合点がいったのか、すぐに次の物件に移動することになった。今度はアタリをつけていた三万五〇〇〇円のアパートだが、この調子だとあまり期待はできなさそうに思えた。

Mさんと連れだって歩を進めていくと、住宅街には似つかわしくない白亜の大きな建物が現れた。何だろう？

「ああ、ここは図書館ですよ。区がやっているんです」

なるほど、それは吉報だ。本を読むのが旅以外では最大の生き甲斐である自分としては、近くに図書館があるだけで二〇点ぐらい得点をプラスしたくなる。仕事もせずに、入り浸りそうな懸念はあるが……。

さらに図書館の脇の小径《こみち》に踏み入れると、両脇に大きな桜の木が立ち並んでいた。桜並木というやつだ。春の訪れが待ち遠しくなりそうなこの美しい小径が通勤路になることを想像して、頬が緩んだ。プラス一〇点、いや一五点。

桜並木を越えて右折すると、すぐに目的のアパートが現れた。パッと見て、まず外観の可愛らしさに目を奪われた。壁全面がえんじ色がかった赤で塗られており、周囲の地味な日本家屋とは一線を画している。やはり古いアパートだが、外見のルックスだけで言えば北欧の民家を彷彿させる粋なつくりである。すぐ隣が駐車場になっていて、家々が密集した界隈と比するに、ここだけやけに視界が開けているのも好印象だ。

「この駐車場も同じ大家さんのなんですよ」

まるで自分の物のように自慢げに解説するMさんについて、一階の手前から二つ目のドアをくぐった――ん……広い！

飾り気はないが六畳間とは思えない空間のゆとりを感じた。天井が少し高いからでしょうね、とMさんが付け加える。襖《ふすま》が破れていたり、水道管に若干の錆《さび》が浮かんでいたりと、古さは隠せないものの、先ほどのボロアパートとはうって変わって設備は充実している。収納は三段式の押し入れでかなり大きく、トイレはもちろん、風呂場も別途備え付けである。風呂に入ることはおそらくないだろうが、トイレはトイレで分かれているのは琴線に触れた。一人暮らしの部屋を探した当時も、ユニットバスの部屋だけは即却下していたほどなのだ。

おまけに、窓を開けると庭まであった。ただし、隣の部屋との仕切りはない。共有スペースとはいえ、部屋ごとにだいたいの領地面積は決められているようで、隣を見遣るとバーベキューグリルが置かれていたり、洗濯物が干されていた。窓際の床に腰掛けて足を庭に伸ばすと、ちょっとした縁側のように使えるのも、気持ち良さそうだ。玄関側も広々していて、洗濯機置き場まで完備である。

これで三万五〇〇〇円か。礼金なしか——。

グラッと心が揺らいだ。冷静かつ客観的に考えれば、そんなに立派な部屋ではない気もするのだが、条件的には不満はない。唯一気になったのは、東向きの一階なので、日当たりがさほど期待できない点だが……正直に懸念を伝えると、

「あの、向かいの建物が白いので、夕方は西日が反射して結構明るくなると思いますよ」

とMさんは駄目押ししてくる。営業トークが上手なのねえと穿《うが》った気持ちで耳を傾けながらも、唆《そそのか》されて満更ではない気になる。

それでも僕は優柔不断だった。うーん、うーんと唸っていると、煮え切らない様子を見たのか、さも今思いついたといった様子でMさんは切り札を繰り出した。

「そういえば、この上の部屋も空くみたいなんですよね。二階だと日当たりはいいはずですよ。庭はないですけど」

……なんだ、最初からそれを教えて欲しかった。ちょっと様子を見てきます、と言い残しMさんは二階へ向かった。すぐに戻ってきて、改まった顔を向ける。

「ガス栓を確認したのですが、もう空き部屋になってますね」

「上の部屋は中は見られませんか?」

「鍵《かぎ》が今ないんです。大家さんに聞いてみましょうか」と言って、Mさんは携帯を取り出し電話をかけてくれた。

「……いないみたいですね」

あらら……残念。気落ちした。

迷ったけれど、その日は決断までは至らなかった。Mさんは二階の部屋の鍵を手配しておいてくれると言うので、日を改めてまた訪れる運びとなった。

実際に現物を見てみると、色々と腑に落ちることがあった。パソコンの画面上だけではわからないのは、やはりホテル選びとも通ずるものがある。ただしホテルとは違って、中長期で暮らす場所であり、試しに短期滞在して気に入らなかったからと言って、すぐに別の場所に引っ越すわけにはいかない。契約が必要で、その際に把握しておくべき知識は少なくない。自分は部屋探し初心者なのだった。

＊

それから三日後――。

再度部屋を見に行くつもりだったが、仕事の打ち合わせなどで立て込んでしまい、先送りになっていた。そんな折、携帯にMさんからの留守電が入っていた。至急折り返し連絡が欲しいとのメッセージを聞いて、ボタンを押した。

「もしもしヨシダさんですか？　今日別のお客さんが来て、決めようかなあ、みたいな感じだったそうで。はい、あの赤いアパートです。別の担当者が接客したので詳しくは知らないのですが、どうも二階の部屋に興味を示しているみたいで」

油断していた。てっきり自分のために部屋を確保してくれているものだと勘違いしていた。内金も何も払っていない段階だから、早い者勝ちなのだ。

「ではなるべく早く見に行きます。今日ですか？　今日は用事があって無理なんです。明日はどうですか？　朝イチで伺いますので。開店は何時でしたっけ？」

電話を切ってからも、そわそわとした落ち着かない気持ちになった。まだ借りるとは決めていないのに、誰かに取られるとなると、急に執着心がむくむく湧いてくる。人気ゲームソフトを発売日に見に行ったら、どこも売り切れで、大して欲しくもなかったはずなのに意地でも入手しようと躍起《やっき》になった学生時代を思い出した。

翌朝、不動産屋の開店時間九時きっかりにお店を覗いたら、Mさんが慌ててネクタイを締めながら現れた。浮かない表情をしているのを見て、僕は嫌な予感がした。

「実は……昨日あの後、例のお客さんから電話がありまして、二階の部屋で決めちゃったんですよ」

……がーん。僕はたちまち顔色を失った。

「仮押さえにできると良かったのですが、違う担当が応対したもので……」

Mさんは下唇を突き出して、申し訳なさそうな顔をしている。

「いちおうまだ部屋は見られるんで、二階見てみますか？　一階はまだ空いてますので、二階と大して違いがないようでしたら、まだ納得できるかもしれませんし」

「Mさんは二階の部屋はご覧になったことはあるんですか？」

「はい、この前大家さんから鍵を預かった時に見てきました」

「どうでした？　一階と比べて」

「そうですね。前に住んでいた方が女性だったそうで、綺麗な印象でした。間取りは同じなのですが、一階とはちょっと違う感じでしたね。襖が木目調なんですよ」

とりあえず一度見に行きましょうと誘うので、僕は従った。再び赤い建物にやってきた。階段を上り、Mさんが鍵を開ける——。

中を見てポカーンと口を開けてしまった。

二階の方が断然いいではないか。

遮る物が少ないせいか、日光が差し込み明るさは申し分ない。木目調の襖は、一階の破れた和風なものと比べても現代的でスッキリ感がある。天井の色が一階よりも薄くて、そのせいか空間の広さが強調されている。

「……これは、やはり二階ですね」

「そ、そうですね」Mさんは正直だった。

一階ももう一度見せてもらったが、庭に出られるとはいえ、部屋自体は誰が見ても二階の方が小綺麗なのは明らかだった。

はあ……ため息が口をついて出た。しょんぼりした。

そんな僕を見かねたのか、ここでMさんが思いも寄らぬ提案をしてくれた。

「大家さんに事情を説明して、一階の家賃を下げてもらえないか訊いてみましょうか？三〇〇〇円ぐらいなら、安くしてくれるかもしれません」

この提案に至るまでのあれこれが仮にMさんによる意図的なものだったとしたら、インド人も真っ青な商売上手である。局面局面で客の心理を誘導しつつ、交渉の落としどころを最大限有利なものにする。しかし、僕が接する限りでは、Mさんにはそんな下心はなさそうに見えた。話の成り行きで口にした提案であり、Mさんの優しさなのだろうと、少なくとも僕は理解した。

ともかく、家賃がさらに三〇〇〇円安くなるなら……という皮算用が頭をもたげたのは事実だ。年間にすると三万六〇〇〇円も違ってくる。サッカーに喩えるなら、キラーパスとでも言うべき、僕たちの交渉を前進させるに足る提案に思えた。

「三万六〇〇〇円は一月分の家賃ですよ」Mさんは畳み掛けてくる。やり手の営業マンのような風格が漂い始めていた。

「そんなこと、できるんですか？」

「まあ、なんとか頑張ってみますよ」

最早《もはや》、引っ込みがつかなくなってきていた。このままだと、この部屋で手を打ってしまいそうだ。本当に事務所、借りちゃって大丈夫なのだろうか。

「妻に一度相談したいのですが」と切り出すと、どうせなら一度奥様にも見ていただくと良さそうですね、と言われ、僕は同意した。電話をかけると、一時間後ぐらいなら来られると言う。

「何度もすみません。鍵だけお借りするのは駄目ですよね？」

「はい、契約してからでないと駄目なんですよ」

じゃあ来たら電話するので、アパートで落ち合いましょう、と決めてMさんとはいったん別れた。この間に家賃の値引きの件を掛け合ってみますと言い残して。

実はうちの奥さんには昨晩相談したところだった。フリーランス経験の長い彼女は、友人とシェアする形で事務所を借りていたことがあった。だから、僕が仕事場として部屋を借りること自体には賛成してくれていて、今日も一緒に行きたいと言っていたが、土曜の朝ということで眠そうにしていたので家に置いてきていた。

借りる方向に傾きかけてはいるが、最後の一押しが欲しかった。


話が急展開したのは、奥さんの到着を待っている間だった。

暇つぶしも兼ね、手元のスマートフォンで、改めて物件を検索していたら、見たことのある赤い建物がヒットしたのだ。住所は不明だが、間取りは同じだし、今まさに僕が悩んでいるアパートであることは疑いようがなかった。

そして、心底たまげたのだ。

家賃の欄に三万円と書いてある――。

あれ、三万五〇〇〇円じゃないの？

やられた？　と真っ先にMさんのおどけた表情を思い浮かべた。

やはり彼はやり手の営業マンだったのだろうか。

動揺しながらも確認しないわけにはいかない。Mさんに電話をかけ、事情を話すと彼も驚いていた。その声音からは演技がかっている印象は受けない。Mさんは大家さんに訊いてみます、と言って電話を切った。

奥さんが現れるのを待って、Mさんと再度合流した。家賃問題のせいで男二人は何となくお互い気まずい雰囲気だったが、一方で奥さんは到着するなり周囲のロケーションに心を奪われたようだ。

「この建物が赤い感じもとても可愛くていいね」とはしゃいでいる。

そして部屋の中へ入っての第一声は――いいんじゃない！　である。

どうやら、かなり好評価のようだ。二階の方がもっと明るくて綺麗なんだよ、と言うタイミングを失ったが、とりわけ庭をいたく気に入ったようで、「この縁にクッションとか置いて寛《くつろ》ぐのも良さそう」などと歓声を上げているのを見て、そうかそうか、一階でもいいかもなあと僕も前向きな気持ちになってきた。

「いい部屋だと思うよ」

一通り見終わった後、奥さんは改めて力強く断言した。優柔不断な夫と、直感重視の妻の構図を見せつけられたせいか、Mさんも苦笑いを漏らしていた。

「そういえば、家賃の件はどうでした？」

さもついで、といった感じで僕は気になっている一件を切り出してみた。

するとMさんは口をすぼめながらこう答えた。

「大家さんに確認したのですが、別の業者経由でも広告を出していたそうで、そっちは一年契約で三万円でいいと言ってしまったらしいんですよ」

僕は話を聞きながら、Mさんの表情を窺っていた。苦し紛れの言い訳や、出任せを述べている風には見えなかった。

「だからうちも三万円にします。しかも二年契約でいいですよ」

ピコンと頭の中で音が鳴った気がした。

事情をよく知らない奥さんは横でやり取りを聞きながら、

「ええ、ここ三万円なのォ！　安すぎじゃない」ときょとんとした顔をして感嘆の声を上げた。まるでMさんと結託したサクラのような絶妙なタイミングだった。

「もう決めちゃいなよ」

旅先で部屋探しをしている時みたいに気楽な調子で彼女は殺し文句を吐いた。

「二階の人は三万五〇〇〇円なので内緒ですよ」

Mさんはそう付け加えるのを忘れなかった。

僕はゴクリと生唾を呑み込み、背筋を伸ばした。

「……じゃあ、ここでお世話になります」

＊

時間にルーズなのが自分の欠点であることは自覚しているが、その日も目を覚ました時には約束の時間を過ぎていた。凍えるような寒さのせいだ、と誰に言うとでもない醜い言い訳を頭の中で反芻《はんすう》しながら、素早く着替えて家を出る。手袋をはめる前に、タッチパネルを操作してMさんに連絡を入れた。

「もしもし、遅くなってすみません、今向かっているところです。大丈夫ですか？」

「はい、ぜんぜん大丈夫ですよー」

精一杯の謝意を込めてかけたつもりだが、予想以上に悠長な物言いが返ってきて拍子抜けした。

この日はアパートの契約日だった。

駅前の銀行に立ち寄って、契約に必要なお金を下ろそうとしたら、ATMの前には長蛇の列ができていた。師走を感じさせる光景だなあ、などと感心している場合ではない。おかげで遅刻にさらに拍車がかかった。

不動産屋の引き戸を開けると、待ってましたとばかりにMさんに出迎えられた。

「遅くなってすみません」

「いえいえ」と優しく微笑むMさんは鼻声だ。風邪でもひいたのだろうか。

鼻をずるずるさせながら、Mさんは契約書を机に広げた。まず一通りの説明をして、最後に一気にサインと捺印をする段取りで、とお願いされた。

この手の契約書は苦手である。本を出す際に交わす出版契約書なんかもそうだが、長々と堅苦しい文章が続いているのを目にすると、面倒くさくなって、ろくに読まずにサインすることがほとんどなのだ。

——第一条　賃貸借の目的物（以下「本物件」という）は……

——第二条　甲と乙は、本物件について借地借家法第三八条に定める……

といった感じの契約約款《やっかん》が、小さな文字でぎっしり書き込まれている契約書を、Mさんは読み上げ始めた。しかも一語一句省略せずに、声に出して音読する。

詳しくは後で目を通しておいて下さい、では済まないのだろうか。いや、たぶん駄目だから、こうして読むのだろうなあ。

ちらりと次のページを先回りしてチェックしたら、条文はなんと第二五条まである。僕は第五条ぐらいで、早くもウンザリした気持ちになってきていた。

Mさんはしきりに鼻をずるずるさせていて、その声に元気がない。それでも馬鹿正直にひたすら文面を音読していくのが、聞いていて痛々しかった。まるで僕が彼を苛《いじ》めているような心境にさえなってきた。

まさかこの調子で二五条全部を読み上げないよね、と恐怖を覚えていたら、本当にそのまさかで、Mさんは律儀にも余すことなくきっちり全文を読み切ったのだった。

あまりに長く、途中で正午になって、他のスタッフたちはお昼ご飯を食べに出て行ってしまったほどで、僕は欠伸《あくび》を嚙み殺しながら、遅刻したせいでMさんのランチタイムが遅れてしまったことを心の中で詫びた。

うーむ、甲とか乙とか、どうでもいいのだ。悪態をつきたくなったが、苦痛な時間の中にもいくつか可笑《おか》しみはあって、読み上げているMさんが途中でどもった時にはクスッとしてしまった。「押捺」という漢字が読めなかったらしい。

「お、おうなん、おういん……」終《しま》いには正解がわからずに誤魔化していた。

彼の名誉のために付け加えると、僕も最初読めなかった。

それに甲と乙が交互に登場を繰り返す文面の中で、突如として「丙」という新手が現れた瞬間は内心ドキッとした。丙は連帯保証人のことらしい。

ともかく、そんな堅苦しい契約書の音読を経て、今度は一連の書類に一気にまとめて僕がサインと捺印をする番になった。

「ここに押して下さい」「次はここです」と矢継ぎ早に指令を繰り出され、目が回りそうになった。苛められる立場が逆転したようだった。

自分のミッションを終えホッとしたのか、Mさんはすっかりリラックスしている。そればかりか、必死にサインの作業を進めている僕に、次から次へと世間話を振ってくるから気が散ってしようがない。

たとえば、必要書類の一つに住民票があるのだが、僕の住民票を瞥見して、Mさんは瞬きを早くしながらボソリと呟いた。

「あれ、タイに住んでらしたのですか?」

僕の住民票には、「二〇〇四年 タイ国から転入」と記載されていたのだ。世界一周の長旅に出た際に、住民票を抜いていたのが記録として残っていた。

「お仕事ですか?」とも訊かれたが、世界一周してきたんですなんて言ったら混乱させそうだったので、「はい、仕事でした」と嘘をついてしまった。

最初に会った時から、「仕事は旅行関係」とだけは伝えてあった。Mさんもここにきて、何かしらの匂いを嗅ぎ取ったのか、質問を重ねてくる。

「ほう、旅行関係でしたよね？」

「え、ええ、そうなんですよ。といっても出版関係でもあるんですが」

最初から旅の本を書いている、と説明すればよかったが、今更言いにくい。

「ほうほう。じゃあ、ガイドブックとか作ってるんですか？」

Mさんはインタビュアーのように疑問を繰り出しては、ほうほうと頷く。

ええまあ、ほうほう、と僕たちの会話は展開していく。

目を細めながら、Mさんは指で本の形をなぞって、「こんなやつですか？」と僕の表情を窺う。大きさから忖度《そんたく》するに、『るるぶ』のようなムック本ではなく、『地球の歩き方』などを指しているっぽかった。

「いや、それではないんですけど。まあ、色々やってます」

お茶を濁すような言い方をしつつ、仕事の話になったのを好機と、逆にMさんに、ずっと不動産関係のお仕事をされているんですか、と訊いてみた。

「いやあ実はですね、前はベビー用品の会社にいたんですよ」

「ほうほう、ベビー用品ですか……」

今度はこっちがほうほう言う番だった。

「おもちゃとか、そんなのですか？」

的外れな質問かもしれないが、ベビー用品と聞いてもピンとこない。

「おもちゃも含まれます。赤ちゃん向けの物なら何でも、なんですけどね」

「ほうほう」

「卸《おろ》し、だったんですよ」と言われてようやく少しだけ理解が深まった。

「つまり、ベビー用品の流通のお仕事ですか？」

我ながら随分とざっくばらんな括《くく》り方だが、Mさんもこいつに説明しても無駄だろうと思ったに違いない。

「ええまあ、そんな感じです」と瞼《まぶた》を撫でた。

でも、そうしたらなんで今、不動産業界にいるんだろう。僕も職業病なのか、つい取材のような感覚で根掘り葉掘り質問してしまう。

その謎の答えを聞いて、僕は頰が引きつった――。

「会社がですねえ、つぶれたんですよ」

ある日会社へ出社したら、社長から会社更生法を申請したと告げられたんです、とMさんはオットリした笑みを浮かべたが、笑い話ではない。そのせいで転職する羽目になったのだが、不動産なんてこれまで借りたこともなかったと言う。

不思議な人だなと改めて感じた。不幸な身の上話にもクヨクヨした様子を見せず、こうしてネタにしておどけている。幸が薄そうなのに、会う度にニコニコしていて、負のオーラを漂わせていないところは好印象で、客商売に向いてそうだ。

ただし、僕たちの会話のキャッチボールは、お互いがどこか的を外していた。ベビー用品とは縁の無い人生を送っている僕にはとっかかりが見つからないのだ。Mさんは Mさんで旅行関係と言われてもピンときていなさそうで、お互いボークを投げ合っているような、微妙に嚙み合わない会話が続いていた。

前回会った時に、来週から海外へ行く話をしていた。契約日を決めるのに、だったらその日までにして欲しいとお願いしたのだ。Mさんはそのことを思い出したのか、

「来週のご旅行は、どこへ行くんですか?」と新しい話題に切り替えた。

「スリランカです」

我が家の恒例行事である年末旅行の今年の目的地だったが、おそらくスリランカという回答は、Mさんにとっては予想だにしないものだったのだろう。

「ほーう、スリランカですか……ほうほう」目をぱちくりさせている。

「どのあたりにあるんでしたっけ?」

「インドの右下ぐらいに小さな島があるんですよ」

「ああ、なるほど……インドネシアの近くですね」

「……はい、あ、いや、インドネシアではなくてインドなんですけどね」

典型的な旅をしない人の発言だった。まあ、そんなものだろうなあと諦めの境地に達する。この手の反応にはだいぶ慣れている。

旅にさほど関心のない人――そっちの方がマジョリティだと思う。

会社の飲み会などでも、社交辞令で旅の話を振られることはあったけれど、それまで物静かに杯を重ねていた僕が急に饒舌《じょうぜつ》になるのを見て、同僚たちが困惑の表情を浮かべるといったことを何度も経験してきた。

ただ、かくいう自分自身も、実はあまり他人のことは言えないのだ。

旅に関しては、僕は社会人デビューなのである。学生時代には、誰かに旅行に誘われても全く興味を示さなかった。同級生として当時から付き合いのあるうちの奥さんは、事あるごとに昔話を持ち出してネタにしているぐらいだ。

「うちのダンナ、今でこそ偉そうなこと言ったり書いたりしてるけど、昔はぜんぜんだったのよね。私が夏休みにインドとか行ってきて、サークルの部室で写真を見せたりしても、ポカーンと口開けて。この人わかってなさそう、って思ってたよ」

いやはや返す言葉が思い浮かばない。ここだけの話、僕もあの頃はインドとインドネシアの区別がついていなかった。中国と聞いてもラーメンマンぐらいしか連想できなかったし、グアムがアメリカだということも知らなかった。

恥ずかしいぐらいに無知な学生だったのだ。

けれど一方で、こんな僕でも……と振り返ると、誰だってある日突然旅人に目覚める可能性は秘めているようにも思えるのだ。

境目となるのは、きっかけの有無だろう。会社がつぶれて転職したMさんではないが、人生は突如として急展開を迎える。能動的にアクションを起こして自分を探さなくとも、環境が人間を成長させることはままある。

僕の場合には、それは新婚旅行だったし、もっと言えば今の奥さんと結婚したことだった。もし彼女と結ばれていなければ、今のような旅人にはならなかったかもしれないと結論付けることは簡単だ。けれど、もしかしたら、それならそれで別のきっかけが僕を旅へと誘《いざな》ってくれた可能性だってゼロではない。

目を瞬かせているMさんを見て、旅人の道へと唆《そそのか》したい欲求にかられた。

そんなこちらの気も知らずか、

「そうですか、スリランカですか、ほうほう」彼はほうほう言い続けていた。

一通りサインを終え、役目を果たし終えたところで、ぎゅうっとお腹が鳴った。僕のせいでお預けを食らっているMさんも、きっと空腹を我慢している。

「ところで、この辺でランチのオススメはどこですかね？」

今後のための情報収集を兼ねて、僕は訊ねた。

「すぐそこに弁当屋があるんですよ。唐揚げ弁当が三九〇円と安いんですよね」

旅の話にはさほど興味を示さなかったMさんが、一転して目を輝かせていた。

旅人が見たアラブ革命

年末旅行のスリランカから、大晦日の朝に成田に着く飛行機で帰国した。空港の税関で提出する黄色い紙の職業欄には、シレッと「会社員」と記入した。退職したとはいえ、一二月いっぱいは有休消化で、会社に在籍していることになっている。二〇一〇年最後の日は、同時に僕にとっては会社員最後の日でもあった。

休めるタイミングに制限がある会社員生活を送っていたから、年末は貴重な旅のチャンスで、毎年この時期はどこかへ出かけるのが我が家の恒例行事だった。とはいえ海外でカウントダウンを迎えたいなどのこだわりはなく、むしろ大晦日の夜は日本で過ごす方が好みだ。紅白歌合戦が捨てがたいという理由もある。

暦次第で正月休みが長い年には、航空券代がグッと下がる元旦を待って海外旅行へ出かけることもあるが、この年は三が日で休みは終わりだったので、航空券がまだそれほど高くないクリスマス頃に日本を出て、年内に帰ってきて正月は日本で過ごすスケジュールを組んでいた。初めてのパターンだったが、実際にやってみると年末年始を二倍楽しめ、案外お得なのではという感想だ。

暦だとか、航空券代だとか、自由に休みも取れない日本社会の世知辛い話になってしまったが、会社員でなくなるのだから、そんなこともう無縁なのでは？　という疑問も生じるかもしれない。実際自分も、早めに有休消化に入って、みんなが忙しくしているのを尻目にとっとと旅立ってしまおうと当初は計画していたのだ。

「折角《せっかく》辞めるんだし、先に行っててもいいよ。ワタシ、後から合流するよ。それか居残りして、そのまま旅してきてもいいし」

大変ありがたいことに、奥さんからは寛大な言質《げんち》を得ていた。その気になれば、糸が切れた凧のように、のんびりと旅することだってできた。

しかし、引き継ぎに手間取りすぎて、消化なんて言えるほど悠長に有休を取得する余裕がなくなってしまったのは前述した通りで、さらに言うと、仕事場を借りたので、机や椅子を買い揃えたり、各種事務手続きをこなしたりと、なんだかんだでやるべきことが山積みだった。それらは、できれば新しい年を迎えるまでには、片付けておきたい懸念事項である。

だから卒業旅行へは、日を改めて出発することに決めたのだった。

さて元日。郵便受けを覗くと、年賀状が輪ゴムで束になって届いていた。宛名ごとに家族のぶんをそれぞれ振り分けたら、自分宛のものはそんなに多くない。

当たり前だ。そもそも、僕自身が年賀状を出していないのだ。今どき紙のはがきではなく、メールで良いのでは？　などという殊勝な主義主張があるわけではない。単なるものぐさである。礼儀知らずと言い換えてもいい。

しかし世の中には律儀な人は確実にいるらしく、こちらから送らずとも、毎年それなりの枚数は届く。送ってくれた人には、僕もさすがに返信する。行ってきたばかりのスリランカで撮った写真に、「A HAPPY NEW YEAR 2011」と大きく文字を載せたデザインをパソコンでこしらえ、家庭用プリンタで印刷した。

「筆まめな方々にはつくづく頭が下がるよなあ」と自分の怠惰《たいだ》を棚に上げて感心していたら、奥さんにたしなめられた。

「フリーになるんだから、こういうのきちんとした方がいいよ」

彼女はライター歴が長い。フリーランス世界における先輩でもある。

そういえば、社員編集者だった昨年までは、付き合いのあるフリーの方々から毎年たくさんの年賀状が届いていた。基本的には純粋に年始のご挨拶にすぎないはずだとは思うけれど、自分がフリーの立場になってみると、もしかしたら幾分かの下心が含まれている便りもあったのかもしれないと、今更ながらに回想する。

遅めの昼食にお雑煮を食べた後、初詣へ出かけることになった。人が多いところは大の苦手だから、明治神宮など都心の初詣スポットは当然パス。ドライブがてら、神奈川県にある寒川《さむかわ》神社へ向かった。ネットで調べてたまたま見つけた未知の神社だったが、相模国一の宮に指定されている由緒正しき社《やしろ》だという。

奥さんが張りきって着物で行くというので、着替え終わるのを待っていたら、やっとこさ家を出た時には日が暮れてしまっていた。

「大丈夫。遅めに行った方が、きっと空いてるから」

こういう場合に、悪びれないしポジティブなのは彼女のいいところなのだろう。

寒川神社に着いてみると、夜だというのに境内はまずまずの混雑ぶりだった。とはいえ、駐車場にはかろうじて空きはあったし、もっと早い時間帯だとさらに混んでいただろうと思うと、結果オーライとしたい。正月なのだ。前向きに前向きに。

縁日の明かりに吸い寄せられ、人波の流れに乗った。

お賽銭を投げ入れ、二礼二拍手一礼――。

好みのタイプは「神社でしっかりお参りできる男性」と豪語する奥さんと結婚したせいか、旅のついでに全国各地で神社参拝する機会も少なくない。けれど、この時はいつもよりも一層心を込めて手を合わせ、目をつむった。

お賽銭も普段は大抵五〇円玉だけれど、秘蔵っ子の天皇陛下在位二〇周年記念の五〇〇円硬貨をえいっと放った。

お布施を納めお守りを入手し、おみくじをひいたら小吉が出た。

「あせらずさわがず静かに身を守って進むべき時に進んで何事も成就すべし」

こう書かれていた。どーんと構えて取り組め、ということか。脱サラしたことに対して少なからず気張っていたものが取り払われ、スッと身軽になった気がした。

こうして僕の新しい一年は始まった。

*

典型的な寝正月を過ごした後は、典型的な正月ボケが待っていた。某サイトの仕事で、サンフランシスコの写真を送って欲しいと頼まれていたのに、何を血迷ったのか香港の写真を添付するという大ボケを初《しょ》っぱなからかましてしまう。

気持ちが妙にそわそわして、落ち着かないのだ。春に出す予定の書き下ろし新刊の原稿を書き始めなければならないのに、筆がまったく進まない。遂に一文字も書けないまま、最初の一週間が過ぎ去った。

「よし、来週から頑張ろう」と不毛に終わった日々を反省する。おみくじの言葉に後押しされたのだろうか。スロースターター気味な仕事始めとなった。

一つ弁明するなら、新しく借りた仕事場にネット回線がまだ開通していなかったせいもある。他にも色々と買い足したり、申し込んだりと、細々とした作業に追われた。ちょっとした空き時間ができて、本棚の整理を始めたら、発掘された本を読み耽《ふけ》ってしまったりもした。受験の時に、やたらと机回りの整理に労力を費やし、なかなか勉強を開始できなかったのを思い出した。

会社員時代には忙しすぎて、買ったまま放置していた本が山のようにあって、それらを段ボールに詰めて仕事場へ持ち込んだのもいけなかった。差し当たっては、本は読むよりも、書く方に力を注がなければならないのだ。でも、こうして好きなだけ活字に浸れるのは幸せな時間に思えた。

一つ大きな買い物もした。自転車を手に入れたのだ。

自宅から仕事場までは電車で一駅の距離なのだが、電車通勤ではなく、自転車で通うことに決めていた。暴飲暴食のお陰で自分の健康に自信がなくなってきていた。中年太りに歯止めをかけたかった。

幹線道路沿いにある大きな自転車屋を訪れた。ディスカウントチェーンとして名の知れた店だ。予《あらかじ》めネットで調べて車種は決めてあったので、店員を捕まえ訊ねる。

「カタログから取り寄せることはできますか？」

自転車屋にしては珍しく、若い女性店員が応対してくれた。

「メーカーはどちらですか？」

「ブリヂストンです」

「なら、大丈夫ですよ。車種のご希望はありますか？」

「ええ」あらかじめカバンに忍ばせておいたカタログを取り出して見せる。そして僕はおそるおそる切り出した。

「値段、安くなりませんか？」

買い物時の値段交渉は苦手なタイプの人間だった。東京で暮らしていると、物を値切るという発想があまり身に付かなかった。

学生時代に、関西出身の友人が石油ストーブを買うのに、秋葉原へ付き添ったことがある。彼は「一円でも安く手に入れる」と鼻息を荒くし、店の人と粘り強く交渉を重ねていた。関西の人はたくましいなあと感心させられた。引っ込み思案な性格だったのもあり、言い値で手を打つことがほとんどだった僕には、彼が異星人のように目に映った。結果的に値札よりも何千円か安く購入できた友人を見て、値段交渉が苦手なのは人間として弱点なのではないかという気にすらさせられた。

克服できたきっかけは、やはり旅だった。定価なんてあってないような国々を旅していくうちに、のほほんとしている場合ではないと腹を括ったのだ。こちらが外国人旅行者だとわかると、相場の二倍、三倍もの値段をふっかけてくるのは当たり前だった。多少はぼられるのも仕方ないと諦めているが、中には平気で一〇倍もの値段を口にする小狡《こずる》い商売人もいたりして、お人好しではいられないのが旅なのだ。

「少しお待ち下さい」と言い残して、自転車屋の女性店員は奥へ消えた。戻ってくると、電卓を僕に差し出しながら、

「このぐらいまでなら、なんとか……」と人差し指で頬を掻いた。

カタログよりも安い金額が提示されているのを見て、僕は目を細めた。

交渉が成立すると、店独自のオプションサービスを勧められた。盗難保険や、修理が割引になる物で、費用は二七〇〇円と言う。必ず必要な防犯登録手数料五〇〇円が含まれるので、差し引き二二〇〇円はお得だと、女性店員が熱心に口説いてくる。

「自転車の盗難が増えてますので、加入をオススメしているんです。それに、加入された方のご家族の自転車が壊れた場合にも修理ができるんですよ」

何万円もする大きな買い物のせいか、二二〇〇円なんて端金《はしたがね》に思えてきた。女性店員の澱《よど》みのない滑らかな話にもすっかり引き込まれていた。

「じゃあ、それ加入します」

後で冷静になってから気がついたが、奥さんは自転車には乗らないのだ。家族のもうんぬんという話は、我が家の場合にはあまり関係がなかった。

値段交渉は一勝一敗に終わった。

羽が生えた気分だった。

自転車がこんなにも気持ちの良い乗り物だったとは。

ビューッと吹き付ける北風の冷気に遮られ、四速五速とギアを上げて空間を切り裂くようにスピードを出しまくるような季節ではなかったが、日中の太陽が出ている間は案外ぽかぽかしており、二速三速程度でのんびりペダルを漕ぐのは心地良すぎた。

わざと遠回りして知らない道を走ってみたり、昔住んでいた隣の街まで遠征したりと、旅気分であちこち巡った。童心に返ったような穏やかな時間だった。

それにしても、住み慣れた土地とはいえ、平日昼間の住宅街は未知の世界だった。スーツを着た真っ当な勤め人はまず見かけない。主役は学生や主婦、子どもたちである。特に公園は異国のように思えた。

ベビーカーや、チャイルドシートを備えた自転車で続々と子連れの主婦がやってくる。まさに想像していた通りの主婦たちの聖域がそこに広がっていた。子連れの主婦といっても、年齢的には僕と大差なさそうで、中には年下と思しき若い奥様もちらほら見かける。

そんな彼女たちに混じって、僕も公園デビューを果たした。

子どもたちが飛び跳ねているのを横目にしながら、ベンチに腰掛けてお弁当を広げる。不動産屋のMさんに教えてもらった、三九〇円の唐揚げ弁当である。試しに食べてみたら、値段の割にはボリュームがあって、味も妥協できるクオリティだったため、以来僕もすっかり常連になってしまった。

ただし、唐揚げ弁当に飽きた際に、他の選択肢が牛丼屋とハンバーガー屋ぐらいしかなさそうなのは悩ましい問題だった。会社員時代は、職場が赤坂にあったせいで、昼食は選り取り見取りだった。店まで行かずとも、会社の敷地内に弁当屋が売りに来るぐらいで、今思えば恵まれた環境だったなあと回想する。

「電子レンジを買うなら、お弁当作ってあげようか?」

見かねた奥さんが、有り難い提案をしてくれた。「自分もあると楽だし」と彼女は付け加えたが、確かに二人分の昼食代が浮くのは大きなメリットがある。お言葉に甘え、格安の電子レンジをネットで買った。


年明けの商店街は閑散としていた。個人商店は、お正月休みが一般の企業より長いことも初めて知った。店によっては七日から開店します、なんて悠長な張り紙をしてシャッターを閉めているところもあった。

でも、僕はそれでいいと思う。日本人は働きすぎだ。

おみくじの言葉を都合良く解釈したせいで、なかなか原稿に着手できないでいたが、月刊誌の連載の〆切が近づいてくるに及んで、ようやく重い腰を上げた。

エンジンがかかると、徐々に他の仕事の話も舞い込むようになってきた。

最初の任務はラジオへの出演だった。ラジオに関してはそれこそ最初の世界一周の最中からもう何度も出ているのでだいぶ慣れたが、この日はスタジオでの生放送だという。しかもＡＭ放送は珍しい。学生時代はその名も「ＤＪ研究会」というサークルに属していたせいで、ラジオはＦＭの方が馴染み深いのだ。

ちなみにＤＪ研究会の「ＤＪ」とはすなわちディスクジョッキーのことで、先輩の中には某局で帯番組のレギュラーを持つほどまでに出世された方もいるが、喋りはさほど得意ではない僕はクラブで口静かに皿を回す方のＤＪ専門だった。

初めてお邪魔する浜松町の放送局で、スタジオに入ろうとしたら大竹まこと氏とすれ違った。普段テレビを観ないので、芸能人にはとことん疎いのだが、そんな僕でも知っているクラスの有名人の登場に冷たい汗が背中を伝った。

とはいえ、話のテーマは毎度お馴染みの「週末で行く海外旅行」で、何を訊かれてもスラスラ答えることができた。旅を始めたきっかけを問われて、世界一周の話をしたら、パーソナリティの方はむしろそっちに食いついてきて、台本からだいぶ脱線してしまったが、いずれにしろ旅の話をするだけなら気負いはない。

続いて、某民放テレビ局からも出演依頼が届いた。

これには内心焦った。ラジオは声だけなので気楽だが、映像となると難易度は増す。テレビもこれまでに何度か出たことはあったものの、緊張しすぎていたせいか、あまりいい思い出はない。

依頼してきた担当ディレクター氏の話を聞いてさらに驚いた。

なんとシンガポールまで行ってロケを敢行するのだという。

「自分はタレントじゃないですし、面白い台詞とか言えないですよ」

六本木にあるテレビ局の会議室で、ディレクター氏に率直な懸念を伝えると、

「ええ、もちろん大丈夫です。その辺はわかってますので！」とちっともわかってなさそうな、典型的な業界人という感じの高すぎるテンションでまくし立てられた。

しかし熱意を持って説かれると、首を横に振るのも忍びない気持ちになる。

それに仕事とはいえ、シンガポールへ行けるのは魅力的だった。撮影以外の時間は自由に行動してOKだと言われ、僕もすっかりその気になってきた。

「ただ実は……、まだ企画が通ってはいないんです。絶対に通すつもりですが、もし話がなくなってもご了承いただきたいのですが……」

なんだそうなのか。まあでも、正直なところ、すごく乗り気というわけでもないから、なくなるならそれはそれで構わないのだが。

「わかりました。では詳しいことが決まったらご連絡ください」

「よろしくお願いします！」

局の玄関口で、ディレクター氏は九〇度ぐらいに腰を折って大げさにお辞儀しながら、僕を見送ってくれた。この話は流れるかもな、と僕は投げやりな気持ちで独りごちた。輝くような六本木の街並みが、家賃三万円の安アパートからやってきた者の目にはやたらと眩しく映って見えた。

通りすがりのおばさんが犬の散歩をしながら携帯で話している声が耳を抜けた。

「じゃあ明日、インチョンでね」と聞こえる。

おおっ、いいなソウルへ行くのかなと羨望の眼差しで追ったが、よくよく考えたら「インチョン」という名前の韓国料理屋かもしれない。

*

それは唐突に始まったかのように思えた。

気を回している余裕がなかったわけでもないのに、前兆に気がつかなかった。

目に見えない何か途轍《とてつ》もなく大きな力が、僕たちの目に見える世界を動かし始めた。それが果たして朗報なのか、不幸への始まりなのかは、まだ見通しはつかないし、報道を鵜呑みにしただけで判断を下してはいけないような気がした。

オセロ盤にコマを置いて、黒が白に一気にひっくり返ったような衝撃が、遥か西の方角から伝わってきたのだ。何故そうなったのか、これから一体どうなるのか、誰が白いコマを置いたのか——わからないことだらけだったけれど、結果、黒が白に変わった。一万キロ以上も離れた小さな島国で、僕は狼狽《うろた》えることしかできなかった。

革命はチュニジアから始まった。イタリアから地中海を挟んで、北アフリカ中央部に位置するこのイスラム国は、アラブ圏の中でも戒律は比較的ゆるやかで、ローマ時代からの欧州文明的な影響と混じり合いながら、爛熟《らんじゅく》した国家を思わせた。

しかしそれは勝手なイメージにすぎなかったのかもしれない。

亡命するに至った大統領の治世は二三年も続いていたものだと知って、途方もない長さだと感じた。その間一度も揺るがせられなかった強権を覆したのは、抑圧されてきた民衆たち、とりわけ若年層と聞く。腐敗した独裁政治への不満、高い失業率に喘《あえ》ぎ、経済成長の恩恵を受けられなくなった世代的不平等感など、背景に横たわるとされる事象は、我が国が目下直面しかけている諸問題ともリンクし、結果論として耳にする限りは腑に落ちるものがあった。

また、導火線の役割を果たしたのがインターネットだったことにも、個人的には頭を鈍器で殴られたようなショックを受けた。その黎明期からずっと空気のように付き合ってきて、僕はネットの力を信じていたし、ある意味知ったつもりになっていた。とうとう現実世界をもドラスティックに動かし始めた事実に、身震いさせられた。

続いて舞台となったのはエジプトだった。実際にはこの段階ですでにもっと多方面に飛び火し始めていたが、世界の衆目を最も多く集めたのはピラミッドの国だった。

何千人、何万人もの人々が、街の中心部に集まってお祈りを捧げている光景を中東のテレビ局・アルジャジーラのネット中継で目にした。日本のテレビではほとんど報道されないことに苛立ち、大きな液晶テレビの前に置くと子どものようなサイズでしかないiPadを立てかけて、映像にかぶりつく夜が連日続いた。目を覚ました暁には世界地図が変わっていそうで、寝る時間も惜しんで大きくはない画面を見つめ続けた。

暢気な観光客として僕たちが記念写真を撮ったこともある広場の前を、重々しい戦車が横切っていた。ツタンカーメンの黄金マスクに息を呑んだ、あの博物館が荒らされたという情報が流れた。運悪く居合わせてしまい、国に帰れなくなった外国人観光客の疲れた顔が画面に映っていた。

僕は一年前にネパールを訪れた時の記憶を辿った。

その旅ではデモに巻き込まれたのだ。首都カトマンズの商店街のほとんどすべての店のシャッターが閉まった。一日のうちにわずか夕方の二時間だけ営業していい、というルールが施行され、部外者である外国人旅行者たちは、その二時間を心待ちにしながら血相を変えて商品棚に殺到した。ルールを守らずにこっそり営業していた外国人向けレストランは、窓ガラスに投石されたほどの徹底ぶりだった。僕たちは、かろうじて手に入れた韓国製のカップラーメンで空腹をしのいだ。バスも飛行機も何もかもが運休し、どこへも移動できなくなった。

街では赤い旗を持った若者たちがデモ行進を繰り返していた。道路に油を撒き、火を燃やしている過激な一団の横を通り抜ける瞬間は、生きた心地がしなかった。一度発火したエネルギーは、マグマとなって爆発する危うさがあることを身をもって体験した。けれど一方で、ほとんどのデモ参加者は穏やかで、カメラを向けるとこれ以上ないぐらいの笑顔を振りまいてくれたのが印象に残る。

貴重なゴールデンウィーク休暇を使って訪れた旅だったのに、観光どころではなくなってしまったのだが、世界の矛盾について考えるきっかけになった一件だった。

中東の動きを見て感じたのは、溜め込んだストレスを発散するためだけのデモではない、ということだった。彼らはあくまで本気に見えた。

世界は知らぬ間に動き始めていた。このうねりは抑止できるものなのだろうか。そもそも、どこかで歯止めをかけるべきものなのだろうか。これまで当たり前だった何かが崩れていく。少しずつ、着実に。

歴史的瞬間というのは、ある日突然訪れるものでもないのかもしれない。

僕が世界を身近に感じられるようになったのは、間違いなく旅のおかげだった。遠い異国で起きているのだとしても、とても他人事だとは思えないのだ。

自分を探している場合ではない――。

自分のことではなく、僕たちが住むこの世界がどうなっているかを知りたい。だからきっと、僕は旅を止められないのだろうと、いよいよ気がつき始めていた。

「結局、知る、ということから第一歩が始まるんだと思う。愛の反対は憎しみではなくて、無関心なんだよ」

奥さんが眉根を寄せながら呟いた言葉が頭に響いた。彼女は料理をする時も、ヘッドホンで英語のエジプト中継を聞き続けているようだった。

夫婦で食事を取っていると、食卓のそばに置かれた石油ファンヒーターの送風口の真ん前で、理不尽な寒さに抗議するかのように猫が丸くなっていた。我が家では見慣れた平凡な日常の光景が、なぜか狂おしいほどに愛おしいものに思えた。

シンガポールでテレビロケ

二〇一一年初めての海外行きはシンガポールになった。例のテレビロケの企画が、なんと本当に通ってしまったのだ。可能性はあったとはいえ、完全に油断しきっていた頃、先の体育会系ノリのディレクター氏から電話がかかってきた。

「やりましたよ！　無事ゴーサインが出ました！」

「……そうですか。それは良かった」

実はそんなに良くもないのだけれど、僕は言葉を呑み込んだ。

出発日やおおよその段取りについては、その後メールで送られてきた。概ね問題はなさそうだったが、文面の最後にそれとなく書き加えられていた一言に、僕は目が点になった。

当日の服装についての補足だった。

「髭は剃っておいて下さい、念のため」

……えっ。

僕は髭を生やしている。会社勤めをしながらも剃ったことは一度もない。他人からすると無精髭に見えるのかもしれないが、自分としては無駄な箇所は剃ったり切ったりして、それなりに格好をつけていたつもりだった。

生やし始めたのはだいぶ前、世界一周していた頃だ。パキスタンへ入国するに当たって、ホモに狙われるから男は髭があった方がいいのだと、とある旅人から聞いた。毎日丁寧に身だしなみを整えるのも面倒な旅先での日々だったのもあり、有り難く助言を受け止め、パキスタンのビザを取りに行った日から髭を剃るのを止めた。結果的にパキスタンへは行かなかったのだが、以来髭があるのが当たり前の人生になった。

率直に言って、嫌な感情が頭をもたげた。どうしても剃りたくないわけではないけれど、こうやって突然誰かに強要される形でそれをするのには抵抗があった。

「髭はどうしても剃らないと駄目ですか？　これまでテレビに出た時も、髭はそのままでしたし」

僕は姑息にも前例を持ち出す形で、それとなく反論めいたメールを返した。

すると、一時間もしないうちに携帯が鳴った。ディレクター氏からだった。僕が気分を害していると思ったらしい。メールではなく、直接話して探りを入れながら、宥《なだ》めようという雰囲気が電話の向こうから伝わってくる。

「髭を剃った方がさわやかな印象で似合うと思うんですよねぇ。大沢たかお、みたいな感じのイメージですよ」

なぜ大沢たかお、なのだろうか。深夜特急？　意図しているところがいま一つ理解し兼ねた。こちらが不承不承《ふしょうぶしょう》という雰囲気なのを察したのか、最終的にはディレクター氏は「じゃあ、髭についてはお任せします」と折れた。

しかし出発当日の朝、僕は鏡の前で髭をジョリッと剃った。散々躊躇《ちゅうちょ》した割には、自分でも呆れるほど呆気なく翻意《ほんい》した。

「うんうん、大沢たかおみたいだよ」と電話の一件を知っていた奥さんにニヤニヤされた。

スーツケースを転がしながら、六本木の局へ向かうと、ディレクター氏が丁重に出迎えてくれたが、剃ってきた髭については一言も触れられなかった。

シンガポールへは、羽田空港から出発した。国内線専用だった羽田空港が、昨年暮れに生まれ変わったばかりだった。国際線の定期便が就航するのは、三二年ぶりのことで、開港日が近づくにつれメディアなどでも華々しく取り上げられていたが、熱はすぐに沈静化したように見えた。

それも仕方がないと僕は得心《とくしん》がゆく。鳴り物入りで登場し、「東アジアのハブ空港を目指します」などと声高に宣言したものの、実際に利用してみると、空港施設としては拙《つたな》さばかりが目につくのだ。規模もソウルの仁川《インチヨン》空港や北京の首都空港あたりと比べると、こぢんまりとしていて派手さの欠片《かけら》もない。

成田と違って二四時間便が発着できるのがウリだった。東南アジア方面へは、夜の日付が変わったぐらいの時間帯に出発する路線が多数設定され、仕事帰りに海外へ直行できるのは、週末海外派の旅人にとってはありがたかった。フライトの選択肢が増えたこと自体は歓迎なのだ。問題は空港である。

たとえば深夜出発便に乗ろうと、夜の一〇時ぐらいに羽田へ着くとする。すると空港内のショップはもうあらかた閉店していて唖然とさせられるのだ。僕は出発前に本を買うのが習慣なのだが、本屋ですらやっていない。外国人に媚びたのか江戸時代の街並みを再現したとかいう、いかにも張りぼて風な外見なのが逆に寒々しい飲食店街には、そもそもお店の種類が少なく、しかもなぜか高級店しかない。

おまけに致命的なのが、空港へのアクセス手段だ。深夜早朝の時間帯の便に乗るには、電車もバスも一切走っておらず、タクシーや自家用車以外の選択肢が存在しないのだ。僕の自宅が田舎すぎて始発では行けないだけなのかな、と一瞬考えもしたが、一応は二三区内で新宿まで三〇分もかからないようなところだから、もっと遠い人はどうするのだろうか、と途方に暮れる。

成田と比べ、都心から近いことが羽田のアドバンテージなのに、それがいまいち生かされていないと、一利用者としては率直に言って不満が募る。

そんな羽田空港の真新しい国際線ターミナルで最初のロケが始まった。

まず撮ったカットは、番組の中のコーナーのオープニングを飾るもので、空港の出発ロビーをバックに僕が次の台詞を口にするという内容だった。

「手軽で充実、そんな旅づくりならおまかせ下さい」

なんだあ、短い台詞だなあ、と始める前は楽観視していた。

けれど、これが想像していた以上に難しいのだ。

「手軽で充実……、手軽で充実……」と暗記したつもりでカメラの前に立つのだが、ディレクター氏がレンズの下で指を折ってカウントダウンし始めると、緊張で途端に頭が真っ白になってしまう。

「手軽で……あ、すみません、その後なんでしたっけ」

僕は頭を掻《か》くばかりだった。どもらずにきっちり言い終えたとしても、ディレクター氏からはなかなかＯＫが出ない。

「もう少しだけ元気にお願いします！　そんな旅づくり、のそんな、に力を込めてみましょうか。そーんな、みたいな感じで。じゃあ、もう一回！」

そーんな、の抑揚の付け方を何度も教授しながら、興奮した面持ちで演技指導が入る。会議で見せた穏やかな物腰とはうって変わって、ディレクター氏は臨戦態勢に突入したようだった。さらには急に思いついたらしく、こんな提案をする。

「あそこのエスカレーターを上ってきながら、台詞を言ってみましょう。我々は上で待機してます。言うタイミングはキューを出しますので。あ、あと、おまかせ下さい、のところで人差し指を突き出してみましょうか」

こんな感じで、と言ってディレクター氏は指の出し方を実演した。「おまかせ」で溜めて溜めて、「下さい」で勢いよく突き出す。短い台詞を発するだけでも苦労するのに、難易度が三段階ぐらい上がった気がして、僕は内心げんなりした。

下のフロアに降りて、人がいないのを見計らってエスカレーターに乗り込む。上方の出発ロビーにカメラマン氏が直立してこちらにレンズを向けているのが見える。脇にはディレクター氏が真剣な表情で待ち構えている。エスカレーターがぐんぐん上がっていく。そろそろキューが来るかな、と思った瞬間、手のひらを広げて大げさすぎるぐらい大げさなキューが入る。

そんな撮影を何度か繰り返した。まだ到着してもいないのにすっかり草臥《くたび》れ果ててしまい、機内に乗り込むやいなやぐっすりと眠りに落ちてしまった。

テレビの海外ロケといっても、出演者は僕一人で、同行するのはディレクター氏とカメラマン氏の計三人だけだ。雑誌や書籍の海外取材だと、編集者、ライター、カメラマンの三人で行くのが標準所帯だったから、それと大して変わらない。

宿泊先は、個人的に以前にも泊まったことがあるホテルだった。空港タクシーから降りて建物を目にした瞬間、記憶がフラッシュバックした。シンガポール一の目抜き通りであるオーチャードから路地に入った立地条件の良いところで、週末海外という本企画にはうってつけの場所だと感じ入った。ただ、早朝に着いたせいで、まだチェックインはできないと言われる。ならばと荷物だけ置いて撮影に出かけるにも、街自体がまだ眠りから覚めていないようだった。見落としがちな点だが、これこそが、羽田発深夜便を使った旅の弱点なのだ。

「一眠りしましょうか」ディレクター氏が促した。

僕たち三人はロビーのソファにゴロンと横になった。機内でも、僕以外の二人はみんなが寝静まった頃にひっそりと撮影をしていたのだと聞いた。テレビの世界は一見華やかなイメージが強いが、現場の仕事は大変なのである。

撮影の段取りは、現地に住む僕の友人がつけてくれていた。誰かいい人がいないかと訊かれ、紹介したのだ。彼女と合流して初めて、アウェイな気分が少し払拭《ふっしょく》された。ロケ隊は四人になった。

「連絡をもらって驚きましたよ。ヨシダさんってこんな仕事もしてたんですね」

現地在住のその友人と会うのは二年ぶりぐらいだった。以前に一緒にシンガポールのガイドブックを作ったことがあった。慣れない仕事をするのに、気心の知れた人が近くにいてくれることが心強かった。

けれど撮影は難航した。エンジンがかかるにつれディレクター氏はますます熱を帯び、羽田空港での撮影以上に、次々と細かい注文をつけてくる。

この仕事には向いてないな、と僕は何度も思い知らされた。

特に大変だと感じたのが食事のシーンだ。もぐもぐ食べながら話すのだが、これが難しいのなんの。何を喋るかは台本である程度決まっているのだが、味の感想についてはアドリブで捻《ひね》り出さなければならない。好物のチキンライスや、シンガポール名物チリクラブを頬張るも、味わっている余裕なんて全くない。プロのテレビレポーターの偉大さを、身に染みて実感させられた。

何度もＮＧカットを食らううちに、次第に精神が摩耗してきた僕は、大人げなく真情を披瀝《ひれき》し、ディレクター氏と軽く口論に発展する一幕もあった。

「……自分はたぶんこういう台詞は言わないかな、と思うんですよ」

本音だった。中には口に出すには恥ずかしさを覚えるような言い回しもあって、不自然さを感じていたのだ。話し合いの末、台本に書いてある台詞を僕の方で書き換えていいことになった。自分の言葉で語れると思うと、若干気が楽になった。

僕の出番以外でも、風景撮りや、ブツ撮りの場面でもディレクター氏は実に粘り強く何度も撮り直ししていた。といっても実際に撮影作業を行うのはカメラマン氏で、暑い中何時間もぶっ通しで撮影させられていたせいか、彼も次第にただれ落ちるような汗に加えて、辟易《へきえき》とした表情を浮かべるようになっていた。

なんとなくぎくしゃくして男三人の空気が重苦しくなったが、コーディネートを務める友人女性が間に入って明るく盛り立ててくれた。上手く話題を切り替えたりして、お風呂が熱すぎるのを水を足して湯加減を調整するかのように、場のムードを落ち着いたものにしてくれるのを見て、来てもらって良かったとしみじみ感謝した。

たとえば、蟹の手をもいで身を出す瞬間を撮る際などは、同じ料理をもう一度誂《あつら》え、一時間以上もかけて入念にワンシーンを撮影していた。それでもオンエア時に使うのは恐らく数秒なのだ。あまりの真剣さに、店の人も息を呑んで見守っていた。

蟹は、映像ではなく写真で撮るとしても、特別に難しい被写体であることは僕も自分の本来の仕事の中で骨身に染みていた。ディレクター氏の執念深さに、面喰らったのが正直なところだ。

ところが、異国の地で何時間もずっと行動を共にするうちに、後ろ向きな感情は徐徐に消え去っていく。わずか数秒のシーンのために、ここまで情熱を注げるなんて、クリエイターとしてはむしろ尊敬すべきお手本なのかもしれない。

昔作っていた雑誌の編集長が似たタイプだった。自分の作る物には妥協をしない性格で、そのせいで周りの編集部員は何度もやり直しをさせられたりして、編集長のいないところで陰口を叩く者も少なからずいた。徹夜仕事が続いて、職場の雰囲気が相当に険悪な状態に陥ったこともあった。半面、マニアックな雑誌の割には、売れ行きは社内でも随一の優等生だった。

振り回される側からすると大変なことは否定できないけれど、ある種の粘り強さこそが、物作りをする上では避けて通れない壁の一つなのだろう。

与えられたミッションを澱みなくこなせないことに、当初は内心忸怩《じくじ》たるものを感じていた。そしてそれを、アップテンポなロケ現場のノリと噛み合わないせいだと都合良く解釈しようとしていた。

熱は伝搬《でんぱん》するものらしい。真剣に取り組む人を目の前にして、どう向き合えば良いか、期待を裏切らないためには何をすれば良いかを今更ながらに考え、そして覚悟を決めた。気負いはなくならないけれど、恥ずかしがっている場合ではなかった。

最後のカットである、世界最大の観覧車、シンガポールフライヤーでの撮影に至ると、もう夢中でカメラに向かって台詞を喋り続ける自分がいた。

「もう一回、あと一回だけいってみましょう！」

最後まで燃え尽きないディレクター氏がキューを出し、普段は絶対に出さないであろうボリュームで、ほとんど怒鳴るようにして僕は声を張り上げた。

「観覧車のハイライトは後半なんです！　マリーナにゴンドラがせり出し、夜空に浮かんでいるような気分になれるんですよ！」

「………はぁい、オッケー！」

上擦《うわず》った声を聞いたのは、この旅で一番嬉しい瞬間だった。ホッとした刹那、その場にへたり込みそうになった。

撮影を終えた後は、路地裏のバーでささやかな打ち上げとなった。短い間だったが、苦楽を共にした戦友四人で小さなテーブルを囲み、生ビールで乾杯した。仕事から解放された途端、ディレクター氏は別人のように朗《ほが》らかな恵比寿顔に変わっていた。

テレビ番組のディレクターといっても、様々なタイプがいる。僕が知っている別のディレクターには、いかにも文化系なノリのオタクっぽい男性もいる。そのことを冗談交じりに仄《ほの》めかすと、

「僕はどちらかというと昔気質なディレクターなんでしょうね」

自嘲するように呟き、そして続けた。

「飲みのことをみーのーとか言っちゃうタイプですね自分は。六本木はギロッポン、みたいな。あはは」

彼自身どこまでウケを狙って言ったのかはわからないが、自虐気味なジョークがツボにはまって、哄笑《こうしょう》が起きた。いい雰囲気だった。イカリングやフライドポテトといった、シンガポールとは何ら関係もなさそうな洋風フードをつまみに杯を重ねた。

来て良かった——僕はこの旅に満足していた。

＊

帰国してからは、また平凡な日常が待っていた。

自宅を出て自転車でアパートへ向かい、日がとっぷり暮れるまで原稿を書いたりしつつ、頃合いを見計らって帰宅する。弁当屋へ行くのと、帰り道に近所のスーパーで食材を買い

出しするぐらいしか外界との接点はなかった。退屈ではないものの、地味としか言いようのない日々が続いていた。だから、ときたま入る取材仕事は新鮮で、僕は来る者は拒まずで積極的に依頼を受けるようにしていた。

中野にある某出版社で雑誌の取材を受けた時のことだ。担当の編集者に、いっぱい旅ができていいですね、といったようなことを言われた。

「旅にはあまり行かないんですか？」

僕が逆に質問を向けると、二〇代後半というその男性編集者はかぶりを振った。

「学生時代には、アメリカをバスで横断したりもしました。でも、最近はさっぱりですね。長い休みには、たいてい実家に帰省しちゃいますし」

憧れはあるんですが、と編集氏は付け加えたので、

「だったら、なぜ行かないんでしょうね」と僕は訊ねてみた。旅に行かない人たちはなんで行かないのか——純粋に知りたかった。

「……うーん、行っても、したいことが思いつかないんでしょうね」

まるで他人事のような回答だが、素直な心情だろうなあと思えた。

「行き慣れていないせいか、予約をしたりする手順が案外ストレスなんですよね。あと、時間やお金があったとしても、言葉が通じないことに壁を感じます。見えないハードルなのですが……」

旅をあれこれプランニングして、安い航空券やお得な行き方を考えることに幸福感を覚える僕からすると、予約が面倒だという話は残念に思う。

言葉の問題については、自分もよく訊かれるけれど、実際にはまず問題ないですよ、僕も英語力はぜんぜんです、と力説したが、どこまで伝わったかはわからない。

「はあ、そうですか。たぶん、食わず嫌いなんだろうなあと自分でも思います。何かきっかけがあれば、行くのかもしれませんが」

やはり、きっかけか——。僕は焦《じ》れったい気持ちになった。

でもきっと、多くの人に当てはまる旅に行かない理由が「きっかけ」なのだろうなと想像してしまう。まさしく食わず嫌いだったことを痛感している僕自身の例もある。

アパートへ戻る道すがら、東京では滅多にお目にかかれない美しい夕景に出くわした。空は茜色にグラデーションがかかっていて、陰になっている建物の部分との境目の輪郭が、太マジックでなぞったかのように、くっきり浮き上がっていた。

道路脇に立ち止まってボーッと見惚れていると、やがて月が顔を覗かせた。真冬の冷気で澄み切った空に、形の整った三日月が光りを放ち始める。

旅の空に想いを馳せた。世界中で美しい夕陽を拝んできた。三日月も、満月も見た。一度たりとも同じ表情だったことはない。上空を見上げる度に、違った姿形をしていた。神秘的なものも、頼りなさげなものもあった。その都度詠嘆《えいたん》したり、物思いに耽ったりした。

そして時間の流れは、東京での日常よりも、たおやかだった。
広い空を見に行きたい――旅への欲求がふつふつと高まる。
きっかけなんて、些細なことなんだよ、と誰にともなく反論したくなった。
――卒業旅行へ出発する日が近づいていた。

第三章

自分探しの聖地 in India

Delhi
Varanasi
Buddha Gaya
Kolkata

変わりゆく国、変わりゆく旅

インドはリアクションの宝庫だ。自分から何もアクションを起こさずとも、いるだけで次々と何かが起こる。構って欲しい旅人にはたまらない国だが、静かに過ごしたい人には険しい局面が続く。それこそが、インドの魅力なのだろうと思う。

だからインドの旅行記を書くには、ちょっとした覚悟がいる。

こうして書き始めるにあたって、僕はいささか緊張すらしている。

かの国に限って言えば、起きた事象をありのまま列挙するだけでも、手軽に面白い話にまとめられるからだ。インドの本が面白いのは必然であり、読者にとっては最早面白くて当たり前という先入観がある。

一方で、数多く出版されているインド本に目を通すと、判で押したように同じようなエピソードばかり並んでいる現実もある。騙されたり、怒ったり、騙されたり……。手口はワンパターンで、インド本馴れしている人なら先の展開がある程度読めてしまう。書き手

Delhi
Varanasi
Buddha Gaya
Kolkata

のインドに対する感想や教訓にも共通性が多々見受けられる。

たとえば、「好き嫌いがハッキリ分かれる国」だとか、「カースト制度の格差社会と比べたら、日本はまだ平等で幸せな社会」などは最も多いだろうか。

確かにその通りではあるのだが、散々語り尽くされている話を何年、何十年も繰り返していても発展性はない。そもそも、インドだっていつまでも同じであるはずはない気がする。経済発展の追い風を受け、変貌を遂げつつある。日本にいてもインド人を目にする機会は増えた。インドカレーの店もすっかり市民権を得た。

かの国を訪れるのはこれで三度目だ。インドそのものを俯瞰したいというよりは、二〇一一年現在のインドがどうなっているのか、がとりわけ気になる点だった。

物語は、バンコクからエアアジア機でデリーへ飛んだところから再開する——。

*

LCCならではの狭い機内に加え、隣に太った大男がいるせいで、パソコンを出すスペースの余裕もなかった。僕は暇つぶしがてらガイドブックをぱらぱらめくっていた。目的地へ向かう機内の段になって初めて予習をするのは、いつものことだ。本当は出発前に目を通してあれこれプランを練るべきなのだろうが、旅がいざ現実のものとして実感を伴わないうちは、頭に入ってこないのだ。一夜漬けというか、付け焼き刃というか。持ってきたのは、『地球の歩き方 インド』である。定番中のド定番ガイドブックである。ところが読み始めて、おやっ……？ となった。

書かれている文章にぐおんと引き込まれたのだ。続いて激しい違和感に襲われ、終《しま》いには度肝を抜かれた。随分とぶっ飛んだガイドブックなのだ。

とくに、巻頭の旅の準備に関する記述がものすごかった。

まずはインドへの行き方から始まるのだが、導入文からして、早くも片鱗が垣間見える。以下、引用させてもらう。

――インドは過去も未来も包括した場所。どんな方法でインドを目指そうとも、それがあなたをインドに呼び寄せた方法だ。

いやはや、深い。深すぎる。最初は正直意味を理解できなかった。

わずかな文章に、インドの醍醐味がそれこそ「包括」されており、行間を読もうとするあまり、想像力を働かせすぎていきなり息切れしそうになった。

誤解のないよう書いておくが、このガイドブックシリーズには、僕もこれまで何度もお世話になっている。よく行く地域は、改訂版が出る度に律儀に買い換えているぐらいで、我が家の本棚にはかれこれ六〇冊以上は同シリーズの本が刺さっている。だからこそ、他の地域と比べ、インド編の異色ぶりが際立って気になった。入国カードの書き方のページに目を落とす。

——ホテルが決まっていなかったら、ガイドブックにある適当な宿を書いておく。

本音だ、と思った。入国カードはいわば公式文書である。そこに嘘の情報を書きましょう、と堂々と促している。商業誌では色々と目に見えないしがらみがあったりして、読者の洞察力に判断を委ねがちだ。同業者の一人として感心させられた。ありがたく忠告に従い、僕も泊まる予定のないホテル名を適当に書き写した。

ホテルに関する記述は、読み応えがある。

——インドに限ったことではないが、大多数のツーリストは、全行程分のホテルの予約をしてそれにしばられるような旅はしていない。

ふむふむ……えっ？　そうなのか。知らなかった事実だ。確かに今回はホテルの予約はしていない。同様に、日程に余裕がある時で、宿を予約していかないこともある。けれど、毎回ではない。宿探しの時間が勿体《もったい》ないから、予約をしていかないことの方がむしろ珍しい。となると、どうやら僕は少数派ということか。

読み進めていくうちに気がつくのだが、文章は基本的に断定口調で迷いがない。盲目的でかつ、清々《すがすが》しいほどにキッパリと断言し切っている。思い切りの良い助言の数々が、優柔不断な旅人の背中をぐいぐい押してくれる。

――スーツケースより、背負えるリュック（バックパック）のほうが絶対いい。

――季節にかかわらず、平地を歩く旅だったらサンダルだけでとおせる。靴を持って行っても実際にはほとんど使わなくなり、荷物になるだけだ。

またしても、えっ？　と目が点になった。僕はスーツケースでこそないものの、ガラガラ付きのカバンだ。背負えるリュックではない。「絶対」とまで言い切るからには、僕の選択は失敗だったのだろうか。

それにサンダルなんて持ってきていない。ぬかるみや、でこぼこ道などでサンダルでは歩きにくいことがあると感じているので、僕はいつも、南国の旅でもリゾート地以外は必ず靴なのだ。荷物になるだけ……か、そうなのか。

——インドの旅はどこへ行きどんな旅をするにも、一ヶ月はほしい感じ。

がーん、僕はそんなに長く旅ができない。先に言ってほしかった感じ。

——貴重品の管理をルーズにし、それを盗りやすい状況を作っておくことは、人を盗みへと誘惑する罪深い行為でもある。

……キリがない。全部を紹介したいが、突っ込みどころが多すぎて、ガイドブックの研究だけで一冊の本になってしまいそうだ。白旗を上げる。全面的に降参。

別に揚げ足取りをしたいわけではない。心底驚いたのだ。僕の旅のやり方や、スタンスとはあまりに違っていて、カルチャーショックを受けたのだ。

機内でのいい暇つぶしになったが、書いてあることと逆行しまくりの僕は、これから始まる旅に対応できるのか不安になってきた。インド、大丈夫だろうか。

＊

専らの懸念材料はビザだった。茗荷谷の査証申請センターで、まるでインド人の役人のような日本人女性に門前払いを受け、「空港で取れる」とだけ聞いていた。バンコクで搭乗手続きをした際も、航空会社のスタッフに懸念の表情を浮かべられた。

果たして、無事に入国できるのだろうか——。

合格発表を待つ受験生の気分だった。試験の感触自体は悪くないから、恐らく受かっているだろう、でも一〇〇パーセントかと問われると自信がなくなってくる……。そんな不安定な心境の中、デリーのインディラ・ガンジー国際空港に到着した。

飛行機を降りて空港建物に入った刹那《せつな》、あれ？　と首をかしげた。

見たことのない空間だった。

インドへ来るのはこれで三度目だ。前回、あれは確か二〇〇七年のことだったが、当時訪れた空港と印象がまるで違う……。

綺麗なのだ。眩しいぐらいにピカピカと真新しく、別の国に着いたみたいだ。

改装したのだろうか？　到着したばかりの旅人が抱えるインドの旅への心細さを、さらに助長するかのようだった、あのオンボロ空港はどこへ行ってしまったのか。身勝手な旅行者としては、アジアの他の大都市の空港とさほど違わない近代的な空港になってしまうと、それはそれで寂しい心持ちにもなる。

さて、緊張の瞬間がいよいよ迫ってきた。

エスカレーターが下っていく先に、イミグレーションらしき部屋が見える。部屋といっても、天井が高く、吹き抜けのだだっぴろい贅沢なスペースに、窓口が横一列にずらり並んでいる。威風堂々《いふうどうどう》とした佇まいは、急激な経済成長を続けるインドの今を象徴する光景にも見えた。

窓口の数があり余っていて、ほとんど並ばずに自分の番になった。

女性の係官だった。縁の太い眼鏡をかけ、いかにも仕事のできそうな都会的なインド女性だ。僕はパスポートを差し出す。係官の女性がページをめくる。

「ミスター、ビザはどこですか？」

「あ、ええと、ビザはまだなんです。空港で取れると聞いたのですが……」

女性は眉をひそめた。怒られるかな……内心ビクビクした。

「ここではなく、あっちで手続きをしてきてください」

そう言って、女性は右手を指し示す。

「……わかりました。サンキュー」

お礼を言って、僕は窓口から離れる。ところが、指示された方向へてくてく歩くも、それらしき受付が見つからない。手がかりになりそうな表示がまるでないのだ。不案内な建物の造りに匙《さじ》を投げたくなった。無線機を手にしたスーツの男が近くを通りかかった。彼にビザはどこで取れるのかを問い質《ただ》してみる。

「ビザ？　ああ、すぐそこですよ」男が無線機を持った手で指し示した。

「そこ？　ええと……どこでしょう？」

そこがどこを指しているのかがわからなかった。高さのある長テーブルが置いてあったが、人気《ひとけ》はないのだ。よくわからないまま近づいてみると、どこからか制服を着た太った男が現れた。おろおろしている僕を一瞥《いちべつ》し、太った男は言った。

「ビザ・オン・アライバル？」

「イエス、プリーズ」

良かった。ここで正解だったようだ。箱こそ新しくなったが、中身の機能性の低さはインドだ。決して親切とは言えない空港の造りに悪態をつきたくなる。

太った男に手渡された申請用紙を記入する。項目は多くないし、面倒な設問はなさそうだ。これでビザが取れるなら、わざわざ事前に嫌な思いをしてまで東京で取得する意味はないな、と僕はほくそ笑んだ。

けれど、そこはやはりインドだった。

「インドは初めて？　何回来たの？　そう、二回ね。なら、その二回について、ここに書いてください。入国した日と場所もね」太った男は顔色を変えず指示を出す。

うわあ、面倒だ。パスポートの当時の記録を確認するのは大儀な作業である。空路ではなく、ネパールから国境を越えて陸路入国したこともあったのだが、ボーダーの街の名前が思い出せない。何だったっけ？　記憶の糸を辿りに辿って、スノウリの名をひねり出す。

Delhi
Varanasi
Buddha Gaya
Kolkata

どうせ細かく見ないだろうと、適当に書いてお茶を濁すことも考えたが、問題になったら厄介なので、正確に埋めた。太った男はパスポートの記録と照らし合わせていたので、真面目に取り組んで良かったと安堵した。

「二五〇〇ルピーです」太った男は次の課題を提示する。

お金をもらう側の人間とは思えない口ぶりは相変わらずだったが、それよりも僕は手数料が必要なことに虚を衝かれた。考えたらタダなわけはないのだが、愚かなことに全く予期していなかったのだ。

到着してからここまでの間に両替するチャンスはなかった。インドルピーの持ち合わせなんてない。ならば米ドルで払おうか、と貴重品袋を開けると、一〇〇ドル札しかなかった。ここはインドなのだ。些細な躓《つまず》きがモメ事の原因になりかねない国なのだ。僕は青くなった。あとはタイバーツならいくらか持っているが、受け取ってもらえるとは到底思えない。

「一〇〇ドル札しかないのですが……」

正直に伝えた。怒られるかな……またしても足が震えた。

すると、太った男はルピーでないと駄目だと木で鼻を括《くく》ったように言う。無言で顎をしゃくり、隣で待ってろ、と続ける。

その隙に、僕の後ろに並んでいた他の外国人のパスポートをチェックし始めた。気がついたら、ちらほらと列ができていた。ビザ・オン・アライバルなんて今回初めて知ったけど、実はポピュラーな方法なのだろうか。

……待ちぼうけの時間は長く感じられた。太った男は次々と外国人のパスポートをチェックしている。いつまで待てば良いのだろう。安心材料としては、僕より後に来てビザをもらった人はまだいないことだった。みんなルピーなんて持ってないのだ。パスポートを見せ申請書を提出し終わった者たちは、おしなべて憂いを浮かべた表情で、次の展開までじっとしているしかなかった。

解決の時は突如としてやってきた。どこからともなく、黄色いシャツをパリッと着こなした若い男がやってきて、こっちへ来いと手招きする。派手なシャツだなあと訝《いぶか》りながら目線を送って、ハッと僕は理解した。

――トーマスクックのロゴがシャツにプリントされていた。

出張両替人なのだ。

一〇〇ドル札を渡すと、ルピーの札束になって戻ってきた。

レートのチェックなんて、しようのない状況だった。異論を挟む余地はなく、おずおずと受け取るしかなかった。

太った男に二五〇〇ルピーを渡すと、改めてパスポートを開いて、ポンッとスタンプを押した。やった！　ビザをゲット！　右手を大きく振り上げてガッツポーズを決めたいのをじっと堪え、冷静を装い受け取った。

足早にイミグレーションに戻り、さっきの女性係官の窓口でパスポートを見せる。

「ビザを取って来ました！」

不思議と英語がスラスラ口をつく。顔が上気していたのだろう。喜びが伝播《でんぱ》したのか、女性が目を落としながらニッコリ微笑んでくれたのを見逃さなかった。

*

青いダウンジャケットを着て、こちらに手を振る男が視界に入ったのは、荷物をピックアップして空港の到着ロビーにいよいよ出た瞬間だった。こんなに簡単に出会えるとは、世界はつくづく狭いなあと思う。

待ち合わせをしていた。デリーに駐在している日本人の友だちが、出迎えに来てくれたのだ。異国の地で知った顔に再会すると、張り詰めていた緊張が解けていく。山道で視界を遮っていた薄い靄《もや》が突然パッと消え去ったかのように、異国の地に着いたばかりの旅人の心細さが霧散する。

「ナマステー」僕は青いダウンジャケットの友人に手を振り返した。

「ナマステナマステ。いやあ、お久しぶりです」

友人が歯を見せながら差し出した右手を握り返す。

「半年ぶりぐらいかな?」

「そうですねえ。僕がこっちに来る直前にトモさんちにお邪魔したのが最後だから、半年ぐらいですかね。それにしても、出てくるの随分遅かったですね。イミグレで何かありました?」

同じ便の乗客たちはもうだいぶ前にここを通過したようだ。アライバルビザを取るのに時間がかかったのだと僕は説明し、ATMでお金を下ろして、スマートフォン用のSIMカードを購入するのに付き合ってもらった。

「それにしても、空港がえらく変わってしまったね」

「去年リニューアルしたんですよ。なんかインドっぽくないですよね。地下鉄もできて、メインバザールにも行けちゃいますよ」

出迎えに来てもらっておきながら、これからどこにどうやって行くのかなど、事前のメールではほとんど何も連絡し合っていなかった。だから、空港の外に車を待たせていると聞いて僕は目を丸くした。それもタクシーではなく、自家用車だという。

空港を出た途端に周囲を囲まれ、怪しいタクシーに乗せられ、胡散臭い旅行会社に連れ込まれるという、未経験の人にとっては最早都市伝説とも思えるインドの洗礼を受けずに済んだことにホッとすると同時に、あまりの至れり尽くせりぶりに、こんなに楽していい

Delhi
Varanasi
Buddha Gaya
Kolkata

ものかと恐縮した。

友人の名前はチュンくんという。苗字は中村なのだが、初対面の際に、チュンと呼んでくれと彼は自己紹介した。「麻雀が好きなので……」と渾名《あだな》の由来を補足され、そうかそうかと一応納得したが、僕は麻雀はよく知らない。

初めて会ったのはメキシコで、その次に会ったのはブラジルだった。その後、タイや韓国でも合流したし、うちの奥さんは別件で確かインドでも会っている。要するに旅人仲間の一人で、それもかなり古参の域に入る。

旅行中は肌色そのものだった坊主頭はもう過去のもので、髭も剃ってこざっぱりとした表情で背広に身を包んで出勤しているチュンくんに会う度に、「丸くなったなあ」と感心させられていた。旅が終わってからもマメに連絡を取り合っている数少ない友だちの中でも、帰国後の変身ぶりは随一だった。

チュンくんは旅行会社に勤めていた。そのデリー支店長として赴任していた。

空港を出たところで横付けされたミニバンは、彼の会社の社用車だという。お抱えのインド人ドライバーが運転席から降りてきて、後部座席のドアを開けてくれた。

まるでパッケージツアーで到着して現地ガイドの歓迎を受けたような心境になったが、実際チュンくんはこうやって日々、日本からやってくる会社のお客さんを出迎えているのだそうだ。

「チュンくんも偉くなったねえ」僕はしみじみとしながら呟いた。

「そうですか？　まあでも結構大変ですよ。支店長といっても僕一人で、現地スタッフがあと一人いるだけですから」

　相変わらずの丁寧な物腰で、チュンくんはデリーでの自身の仕事内容を訥々《とつとつ》と語った。僕の方が多少年上とはいえ、彼は初めて会った時から一貫して敬語を使う。旅で知り合った関係にしては珍しいケースだ。旅人の世界に年功序列はないし、上司や部下、取引先といったしがらみなんてあるわけもない。たとえ一〇も歳が離れていてもタメ口を利くことに抵抗のない人の方がむしろ普通だ。

　チュンくんを観察していると、別に僕に限らず、誰と話す時でも基本的には敬語を使うようだ。そういう主義なのだろう。この人は敬語で、あの人はタメ口……などと変な気の回し方をしないで済むのは、処世術と言えなくもない。

「どこに向かっているの？」

「グルガオンっていう、デリー郊外の街です。トモさんは来たことはないですか？　日本人の駐在員がたくさん住んでいるんですよ。うちの事務所もその一角にあります。事務所というか住まいも兼ねてるんですが……。とにかく、インドとは思えない街ですよ。これぞ変わりゆくインドっていうか」

　変わりゆくインド、か……。

デリー市内とは逆方向に向かっていることだけはわかった。高速道路を走る車内からは、暗闇の中にネオンの看板が見え隠れする。料金を支払うゲートをくぐったので高速かなと想像したが、実際のところは謎だ。

やがて「Panasonic」の大きな文字が目に入った。他にも日本人なら誰でも知っている大企業のロゴが次々現れる。真新しいスクエアなビルの上に掲げられているそれらを目にして、僕は動揺した。

デリーといえば、整然という言葉が最も似合わない首都の代名詞的存在のイメージがあったし、実際に訪れた過去の記憶がそのことを裏付けていた。到着した空港からずっと予期せぬ展開が連続し、狐につままれた気分が拭《ぬぐ》えないままでいた。

事務所は新興のビジネス街から高速道路を挟んだ、閑静な住宅街にあった。事務所といっても、いわゆる民家のような場所で、民家といっても、インドの中でも上流階級の人たちが暮らしていそうなお屋敷然とした立派な建物だ。

階段を上ってドアを開けると、フリースジャケットを着た若い男が出迎えてくれた。

「彼が現地スタッフのリンチェンさんです。ラダック人なんですよ」

チュンくんの説明を聞いて納得がいった。肌は浅黒いが、普通のインド人とは顔つきが違うのだ。ラダックはインド北西部の高山地帯に位置するエリアで、チベット系の人たちが暮らしている。国籍こそインドだが、僕たちが想像するインド人とは外見も宗教も生活習慣も何もかもが異なる。

ラダック人のリンチェンさんは会社のトレッキングガイドらしい。オフシーズンの今はこうしてデリーまで出て来て、事務仕事を手伝っているのだそうだ。

「事務仕事と言いつつ、日本語の勉強をするためでもあるのですが……」

日本からやってくるツアー客の相手をするのに日本語が必要なのだろう。けれど、それを聞いて日本語で話しかけてもいまいち要領を得なかった。まだあまり喋れないのだと悟り、なし崩し的に会話は英語になった。

居間には接客用のソファが設《しつら》えてあり、その後ろに大きなデスクとパソコンが置いてあった。なるほど、見てくれは民家だが、内部は確かに事務所である。僕は留守にしてきた家賃三万円の安アパートを思い出した。住居を仕事場にしているという意味では、僕とチュンくんは同じ境遇にいるのだ。もっとも、部屋の大きさを比べると彼の仕事場とは雲泥の差があるが。

海外で外国人駐在員のお宅へお邪魔したのはこれが初めてではない。共通しているのはその住環境の素晴らしさだ。もちろん、いかに豪邸に住んでいようとも、ほとんどの駐在員は望んでそこに来たわけではないことは理解している。しかし異国暮らしの苦労話とは無縁のお気楽な旅行者としては、素直に羨ましいとしか思えないのも正直なところではある。

広々としたこのお屋敷で、チュンくんとリンチェンさんは男二人で暮らしている。だからだろうか。大きな空間の割には物が極端に少なく、家具類や電化製品など必需品以外の私物はほとんど見当たらない。良く言えばスッキリしているし、見方によっては殺風景なほどだ。

ただし、絵に描いたような「仮の住まい」といった佇まいは、一日二日だけ間借りさせてもらう者にとっては、むしろ気楽だった。空き部屋に案内され、荷解きをする解放感は、どこかのゲストハウスにチェックインした時と変わらなかった。

おまけに家主はチュンくんだから、僕もあまり気を遣わなくて済む。誰かのお宅を訪問するとなると、「どうぞ、お構いなく」などと恐縮しがちだ。これが旅人どうしになると本当にお構いなしになる。ゆるい繋がり方が、すこぶる居心地良い。

リンチェンさんはコックの役目を担《にな》っているらしく、到着して一息つくと夕食を運んできてくれた。チベットでお馴染みのトゥクパという、小麦粉を製麺した日本のうどんのような料理が置かれた応接机を、男三人で囲んだ。

自分がいったい今どこを旅しているのかわからなくなった。

食後、煙草を吸うのにチュンくんと二人でテラスへ出た。リンチェンさんにも一本どうですか？　と訊いてみたが、彼はかぶりを振った。インド人の男はスモーカーがとても多いが、ラダック人はそうでもないのだろうか。

外の風に当たってみると、寒さにぶるっと身体が震えた。僕はダウンジャケットを引っ張り出してきて羽織った。成田エクスプレスに乗った際に、丸めてカバンの奥底にしまったものだ。まさかこんなに早く出番が再びやってくるとは予期していなかった。インドは暑い国だと思い込みがちだが、季節や場所にもよるのだ。三月初旬のデリーの夜は、シャツだけではとてもいられないほどに気温は低かった。

一〇三ヶ国旅してもまだやめない

Delhi
Varanasi
Buddha Gaya
Kolkata

チュンくんが言っていた「変わりゆくインド」とは、僕の知らないインドだった。

明くる日、グルガオンの街を一通り見て回って、そんな感想を抱いた。

新興国の大本命として、今や中国と並び世界経済の牽引役と言われるまでになったインド。経済成長率は、前年同期比で九パーセント近くにも及ぶ。日本にいても、この国のニュースを見かける機会が増えていた。景気のいいニュースばかりだった。

しかし率直に言えば、あのインドが？　と不審の目を向けたくなる気持ちも根強く残っていた。こうして目の当たりにして初めて実感が湧いたというか、打ちのめされたのだった。田舎に何年ぶりかで帰ったら、古い知り合いが羽振りが良くなっていたような様変わりぶりに、僕は自分の中のインド観を修正する必要に迫られた。

ガラス張りの巨大なビル、ブランド物の看板、きちんと舗装され広々とした道路。それらの中を、ピシッとスーツを決め眼鏡をかけた瀟洒《しょうしゃ》なインド人が闊歩《かっぽ》している。女性はやはり多くはサリー姿であるが、布地に安っぽさはなく、それでいて華美に装飾しすぎずに、スマートに着こなしている。

声をかけて写真を撮らせてもらうと、しっかりポーズまで決めてくれるインド人気質は変わらないが、景色だけ見るとそこはもう僕の知るインドとは別の国だった。

「びっくりしたでしょう。僕も最初来た頃は、なんだこれはって思いましたよ。旅行者が来るような街ではないですが、まさに今のインドを表しているというか」

案内してくれたチュンくんが自分のことのように得意げに鼻を膨らませる。

昨晩空港へ迎えに来てくれた時と同じドライバーさんが、ミニバンのハンドルを握っていた。この街ではどこへ移動するにも、お付きの車が連れて行ってくれるらしい。チュンくんはすっかり駐在ライフが板に付いているようだ。ショッピングセンターで昼食をとった時などは、駐車場まで行かずとも、携帯に連絡するだけで入口まで車が迎えに来てくれたほどだ。

小狡《こずる》いリキシャーと、「二〇ルピーだ」「いや一〇ルピーだ」などと遣り合わなくて済むのはとても楽チンで快適そのものだったが、一方で僕は一抹の寂しさも感じていた。何か物足りないのだ。マゾ気はないつもりでいたが、インドに来た手応えがもう少し欲しい。我が儘《まま》な旅人でチュンくんには申し訳ないが。

「メインバザールとか、オールドデリーとかも行ってみたいなあ。あの辺も結構変わったのかな?」僕はそれとなくアピールしてみた。

「あそこはぜんぜん変わってないですね。多少はお洒落な店なんかもできましたが」

チュンくんは遠い目をして腕を組み、「あの辺りは結構渋滞するんですよね」と言葉を継いだ。語感からはあまり乗り気ではないことが伝わってくる。

「時間に余裕があったらでいいからさあ、後でちらっと寄ってみない?」

普段仕事で添乗員をしている彼からすると、予定外の行動を取るのを嫌がる気持ちは僕にも想像はついた。日程を消化できないと、客からのクレームを覚悟しなければならないのだ。きちんと時間通りに進行していても、予定にない行動を取りたがる客はきっといるに違いない。僕は団体旅行には向かないタイプなのであった。

これは別にツアー旅行ではないから、スケジュールが組まれているわけではないのだが、チュンくんはチュンくんで、僕を連れ回すプランを考えてくれていたのだろう。

「……そうですね。じゃあ、後でちょっと行ってみましょうか」

終いには了承してくれつつも、その前にもう一ヶ所ぜひ見て欲しい場所があるのだと彼は力説した。チベット人が暮らす街――イチオシのスポットらしい。

「そういえば、リンチェンさんは今日はお留守番なの？」

チベットと聞いて、山男の彫りの深い顔を思い出した。

「リンチェンさんはオフなので、どこかへ遊びに行っているはずですよ」

そんな会話が伏線になるとは思いもよらなかった。

なんと、いたのである。

チュンくんに連れられ足を踏み入れたチベット人街で、物珍しげに僕は写真を撮っていた。すると見覚えのある男とすれ違った。リンチェンさんだった。

リンチェンさんも友だちと一緒だったので、一言二言交えただけだったが、期せずしてデリーへ出稼ぎに来ている若者の私生活を覗く形になってしまい僕は戸惑った。考えてみれば、ラダック人である彼が休みの日に羽を伸ばしに行く先が、チベット人街であるのは至極《しごく》違和感のない話でもあるのだが……。

チベットについて考え始めると、抜け道のない隘路《あいろ》に迷い込む。

そもそも、チベットとは何を指すのだろうか？

そういう地域であり、文化であり、宗教であると答えるのは簡単だ。国際的には中国の自治区の一つと定義されており、日本政府の公式見解もそれに倣《なら》っている。

僕はチベットは国家だと認識している。実際に彼の地を訪れ、さらにはネパールやモンゴルなど、チベットが息づく国々を垣間見た末に辿り着いた結論だった。公式には認められていないけれど、幻の国家だとは僕には思えないのだ。

以前に世界一周の見所を国別に紹介する本を出版したことがあるのだが、その中でチベットは国の一つとしてカウントした。「五一ヶ国」と表紙カバーに記載したが、「公式」に倣うのであれば、本来「五〇ヶ国」とするべきところだった。けれど、僕と共同著者であるうちの奥さんは、「五一ヶ国」にこだわった。中国とは別のページに分け、チベットの国旗も国旗として掲載した。

雪山の頂上に太陽が光り輝いているそのチベット国旗が、デリーのチベット人街で数多くはためいていた。中国国内では持っているだけで逮捕される、ダライ・ラマ法王の写真も至る所に貼ってあった。お坊さんがまとっている袈裟《けさ》のえんじ色が際立って目に焼き付く。

マジュヌカティラという名のこの街は、『地球の歩き方』には載っていない。だからなのか、外国人観光客、とりわけ日本人には全く出会わなかった。加えてインド人の姿も見かけない。正確には、インド人風の外見の男女は見かけないと言い換えるべきだろうか。ダライ・ラマ法王が亡命政府を置くダラムサラの街までは、ここからバスが出ていて、一二時間ぐらいの距離だと聞いた。

僕たちは一軒のレストランに腰を落ち着け、モモを注文した。餃子に似た定番のチベット料理だが、リンチェンさんオススメの店で、味はピカイチだった。

帰り際、僕は露店で「FREE TIBET」と書かれたバッジを二つ購入した。一つ一〇ルピーだった。

＊

メインバザールは、別名「パハールガンジ」とも呼ばれる。一泊数百円で泊まれる旅行者向けの安宿や、日本食を含む各国料理のレストラン、ネットカフェなどがひしめき合い、バックパッカー御用達の街として名を馳せている。

それだけ聞いて、バンコクのカオサンと似た雰囲気を想像して訪れるのは早計だ。とりわけデリーから入国した旅行者は、まずこの街でインドが一筋縄ではいかない国であることを知らしめられる。清潔という言葉の概念を改めさせられ、意図せずとも人を信じることの難しさを学ぶ。

グルガオンで変貌を遂げつつあるインドを見せつけられた後だったせいか、メインバザールに到着し、牛が路上をウロウロしているのを目にして感無量だった。今回インドに来て初めて牛を目にした。まさかいなくなったのかと危惧していたが、そんなわけはない。

日はすでに暮れ、空は黒々としているが、無数の裸電球が街の賑わいを浮かび上がらせていた。クラクションやエンジン音が鼓膜をつんざくように喧《かまびす》しく響く中、往来は激しさを増し続けていた。人やバイクやリキシャーが四方八方から押し寄せてくる。注意深く歩いて行かないと轢《ひ》かれそうだ。

「……いやあ、ここは変わらないねえ」僕は目頭が熱くなった。

「相変わらずですよ、ホント。どうしますか？　一往復してみますか？」

来る前は渋々だったチュンくんも、すっかり相好を崩している。彼の中に脈々と流れる旅人の血が疼《うず》き始めたのだろうか。

「そうだね。駅まで行ってみようか？」僕は水を得た魚状態で興奮していた。

メインバザールのどん突きにはインド国鉄最大の駅の一つである、ニューデリー駅が位置する。列車で到着した人にとっては、逆に駅を出たところから始まるのがこの安宿街だった。僕たちは反対側の端っこから駅まで歩く形になった。

ニューデリー駅も新しく綺麗な駅舎に変わっていて、再び目を瞠《みは》った。けれど、ひっきりなしに客引きが現れるのは相変わらずで、しつこさに辟易するうちに、僕も次第に眉間に皺が寄ってくる。ただし、この「うざい感じ」が懐かしいよなあと、しおらしい感情も一方で頭をもたげていた。一緒にいるのがバックパッカー卒業生であるチュンくんだったこともあり、いつになく懐古気分に浸りながらの街歩きになった。

帰りはリキシャーを拾うことにした。

さて、そうなると値段交渉である。タタカイである。

警戒感を顔に露《あら》わにしている僕を尻目に、チュンくんはその辺で客待ちしていたリキシャー引きの男に声をかけた。そして、「これに乗りましょう」とサクッと後部座席に収まった。あまりの早業に僕はポカーンと口を開けてしまった。

「いくらで手を打ったの？」

「値段の話はしてないですよ。まあ、一〇〇渡せば文句言わないでしょう」

さもそれが自然という口ぶりで彼は言った。多少物価が上がっているとはいえ、一〇〇ルピーは相場からすると僕は正直かなり高い気がした。なにせここには一泊その一〇〇ルピーで泊まれる宿だってあるぐらいなのだ。

「……チュンくんも大人になったね」

「リキシャーもそんなに安くはないんですよ」

それはチュンくんが、自分自身を納得させるための言葉にも聞こえた。リキシャーに揺られながら、彼は携帯でドライバーに「今から戻る」と連絡を入れている。旅人から駐在員の顔に戻っていた。

＊

夕食はグルガオンに戻って、日本食レストランで取ることになった。インドまで来ておいて、いきなり日本食かあ、という気持ちもないわけではないが、チュンくんにカレーを強要するのは気が引けた。彼に限らず、外国で駐在員などに会うと、高い確率で日本食レストランへ行くパターンになる。旅行者と違って、住んでいる者にとっては、現地料理よりも故郷の味なのだろう。

日本食レストランといっても、メインバザールにあるような、なんちゃって系の日本食ではなく、内装も店員の応対ぶりも、そして味もかなりハイクオリティで、日本で食べるのと遜色ない。もちろん、値段もインドの物価からすると目玉が飛び出るほどだ。それでも、チュンくんはしょっちゅうここへ食べに来るのだという。彼がいつもそうするように、お付きの車を店の前に横付けしてもらい入店する。

メニューを見ると、寿司や天ぷらや蕎麦など何でも揃っていた。僕はカツ丼を注文し、店内を観察した。スーツ姿の会社帰り風の日本人が多い。というより、会社員しかいないと言ってよい。大企業の看板を背負って、異国の地で奮戦している男たちの自尊心が滲み出ているような、晴れ晴れとした表情を一様に浮かべていた。

村社会——そんな言葉が頭を過《よぎ》った。

彼らを見ると、同じデリーの日本人社会の中でも、旅行会社勤務のチュンくんなどは異端の方なのだなあと思い至る。少なくとも背広を着ていない者は、村人の構成員になり得ないのだ。敷かれたレールからドロップアウトしたばかりの僕としても、身につまされるものがあった。

とてもインドにいるとは思えない、喧噪とは無縁の落ち着いた空間で膝を突き合わせていたからだろうか。瓶ビールをコップに注ぎ合い乾杯すると、僕とチュンくんは自然としんみりとした語りモードに移行した。

「インドも変わったけど、チュンくんも変わったね。出世したというか」

「いやいや、そんなことないですよ」

チュンくんは照れくさそうに頭を掻いた。最初は謙遜しているのかと思っていたが、話を聞くに、どうもそうではないようだ。

「実は……自分は添乗員とか向いていないのかなって」

彼なりに悩みを抱えていたのだ。旅行会社の海外支店長といえば聞こえはいいが、内実は仕事に行き詰まりを感じ、もやもやしているのだと彼は打ち明けてくれた。

僕たちは、出会った時からお互い旅人だった。それも世界一周という、自分たちにとっては一生涯の記憶に残る壮大な旅の一部を共有し合った仲間だった。

彼が日本に戻ってきたのは、僕たちが帰国して三年後のことだった。四年半もかけて、計一〇三ヶ国を訪問したその旅を経て、彼は東京で旅行会社に就職した。もう一度書くが、一〇三ヶ国である。僕自身は最初の世界一周で訪れたのは四五ヶ国だった。一〇三は途方もない数字だ。チュンくんは旅立ち前はまったく別の業界にいたから、旅行会社を選んだ背景には、その長すぎた旅があったことは疑いようがない。

旅のおかげで自分が進むべき道を見つけた——そう結論付けられなくもない。けれど彼の旅には、自分探し的な意味合いはほとんどなさそうに僕には見えた。

期間こそ長いものの、一ヶ所に長く留まったりは（旅行者用語で沈没と言うが）あまりせずに、比較的高速に移動を繰り返す旅だった。バックパッカーの中には観光地巡りを俗っぽいものとして露骨に馬鹿にする者もいるが、彼はスタンプラリーをしているかのように、漏らさずその種のスポットを訪れている。有名どころに限らず、アフガニスタンや北朝鮮といった、普通の旅行者にはなかなか足を踏み入れにくい国々さえ押さえている。彼ほど多くの場所を回った世界一周経験者は僕の周りにはいない。

純粋に旅が好きなのだろうと思う。好奇心の塊なのだ。

お互いが東京にいる時も、僕がどこかを旅して帰ってくると、チュンくんは人一倍土産話を真剣に聞いてくれる。会話のきっかけとして「どうでしたか？」と社交辞令を述べる感じではなく、本心から知りたがっている雰囲気なので、そうなるとこちらも話のしがいがある。自分が行ったことのない場所であれば、目をますます爛々と輝かして、メモを取る勢いで根掘り葉掘り質問を重ねてくる。逆に僕もチュンくんから情報を得て、自分の旅の参考にさせてもらったことが何度もあった。

彼が勤め始めた旅行会社は秘境専門で、ハワイや香港といった定番系の渡航先は扱っていない。主力はまさにここインドやパキスタン、アフリカなどで、ほかにもパンフレットを見せてもらうと、こんな場所に誰が行くんだろうと疑問に感じるようなマニアックなツアーが目白押しで驚かされる。

それらはチュンくん自身が、世界一周旅行をしている時分に好んで旅した場所でもあった。デスクワークだけでなく、添乗員としてお客さんを引率もする。かつて旅した地が仕事場に変わったというわけだ。

趣味が高じて仕事になったパターンなのだが、旅というジャンルに関してはこういったケースは案外珍しいのではないだろうか。

世界一周中に知り合った旅人たちで、帰国後にも付き合いが続いている仲間の顔を思い浮かべる。ほとんどの者は、今では日本で真っ当な仕事に就いている。それが物差しになるとは思わないが、東証一部に上場しているような一流企業に勤めた者も複数人いる。会社を辞めて旅に出るなんて、まともな人生設計からは外れたヤクザな生き方だと偏見を持っている人も少なくないだろうが、実際には旅をしたことで、キャリアのうえでもステップアップできたタイプがむしろ多いのだ。

理由は定かではないが、彼らはきっと意識が高いのだと推測する。世界一周しようと試みるぐらいだから、少なくとも人生に絶望はしていない。世の中とポジティブに向き合おうとする姿勢が、仕事のうえでもきっと生きてくるのだろう。

ただし、旅そのものを仕事にしてしまった人は、僕やうちの奥さんを除けば、周りにはチュンくんぐらいしかいない。

旅の本などを読んでいると、旅に出た背景や、まさしくどんな旅だったかは書かれているものの、その旅人が旅を終えてからどうなったかまで言及されていることは少ない。旅の本なのだから当たり前といえば当たり前だ。けれど、小説とは違い、その旅人にとっては話が締め括《くく》られた後も物語は確実に存在している。

天《あま》の邪《じゃ》鬼《く》な僕は、彼らの後日談に想像を巡らせる——。

とりわけ、仕事を辞めて長旅に出たような旅人が、帰国後にどんな新しい日常を築き上げているのかは、下世話な読者としては案外気になるところだ。旅を経たことで人生に何かしらの変化が生じる可能性はあるのだろうか。

僕にとっても他人事ではない。

——豊かな青春、惨めな老後。

バックパッカーたちの間ではよく知られる、こんな言葉がある。

簡潔ながら、実に奥行きのある言葉だ。ろくすっぽ仕事もせずに旅ばかりしていたら、年を取ってから地獄が待っているよ、とでもいった教訓が込められているのだと思う。蟻とキリギリスの話も彷彿とさせる。

旅先で過ごした輝くような日々に、「青春」と呼べる側面があることは否定しない。現実逃避と捉える向きもあるだろう。けれどその先に待っているのが、惨めな結末とは限らないはずだ。少なくとも僕は悲観しない。したくない——。

「トモさんの周りで、もう一度旅に出た人っていますか？」

チュンくんが突然訊いてきた。酒が入っているとはいえ、真剣な眼差しだった。

「もしかして、また旅に出るの？」僕は質問に質問で返した。

「……ええ、まだ具体的に決めたわけではないですが。もう少し仕事の経験を積んで、お金を貯めたら、もう一回旅に出ようかなと……。まだ行ったことのない国が結構ありますしねえ」

一〇三ヶ国も旅しておきながら、この男は満足できていないのだ。彼の旅はまだ終わったわけではないのだ。僕は膝を打ちたい気分だった。

「チュンくんはさあ、なんでそんなに旅が好きなの？」

えっ、こいつは何を言うんだろうという顔をされた。夏はなんで暑くて、冬はなんで寒いの？　と質問するのと同じぐらい愚問だった。

「好きだから、じゃ駄目ですか？」

目尻を下げながら嬉しそうにチュンくんは答えた。僕は似合わない和服を着たアルバイト風のインド人店員を呼び止め、ビールのお代わりを注文した。

＊

まだ夜も明けきらぬ早朝、お屋敷のインターホンが鳴った。ドライバーさんが迎えに来たようだ。僕はちょうどパッキングし終えたところだった。チュンくんも寝ぼけ眼《まなこ》を擦《こす》りながら起きてきた。出発の朝がやってきたのだ——。

昨晩は日本食レストランから戻ってきた後も、二人で旅の話に花を咲かせた。お互いの仕事や、最近の旅について。チュンくんはデリー駐在なのを利用して、近隣の中東諸国へ足を延ばしたのだと語った。僕がパナマのサンブラス諸島を強烈にオススメすると、パソコンで検索しながら遠い目をしていた。僕が寝た後も、一人でずっと調べていたという。筋金入りの好奇心旺盛人間なのであった。

チュンくんがデリーに来てから自身で開発したという、ブータンツアーの話題も興味深かった。実は僕も、そのツアーに参加させてもらう手はずになっている。

インドを旅した後、いったんデリーに戻ってきて、チュンくんと一緒にブータンを訪れる——そんな約束をして、僕は一人東へ旅立つ。

「リンチェンさんは？」

お別れの挨拶をしようと思ったが、姿が見当たらなかった。

「あれ、そういえば帰ってきてないのかな？」

チュンくんはいつものことだといった感じで、まだ眼を擦っている。チベット人街にお泊まりしても、勤務時間までには戻ってくるのだそうだ。僕は昨日買ったFREE TIBETのバッジを撫《な》でながら、山男の濃い顔に想いを馳せた。

チュンくんは空港まで車で送ってくれた。何から何までお世話になった。

「じゃあ、またね。デリーに戻ってきたらメールするよ」

「わかりました。トモさんも気をつけて」

真新しい空港ビルの入口で、僕たちは別れた。ほとんど感傷に浸ることもなく、あっさりとした別れなのは、旅仲間どうし、いつものことである。

日本人が日本人を騙す街

改装されたデリー空港は、国内線のターミナルも、国際線の隣に越してきたばかりらしい。中へ入るのにセキュリティチェックがあった。パスポートとイーチケットのプリントアウトを見せる。最初スマートフォンの画面に表示させて見せたが、それでは駄目だと言う。航空券は世界中どこへ行っても今やイーチケット化され、搭乗手続きの際にはほとんどチェックされることはない。けれど、こうした些細な場面で紙になっていないと困ることもまだあるようだ。

エアインディアのカウンターに着くと、手続き待ちの乗客たちでごった返していた。あまりの芋洗い状態に、僕は内心げんなりさせられた。

「ミスター、どちらまでですか?」

係の女性に尋ねられ、「バラナシです」と答えると、ここではなくあっちへ行けと言われた。良かった。並んでいるうちに日が暮れてしまいそうな行列を尻目に、教えられたカウンターへ移動する——。ところが、こっちも激込みだった……。

「ミスター、どちらまでですか？」

肩を落としながら列の最後尾に回ったら、別の係員に再び同じ質問をされた。

「バラナシです」答えをリピートすると、ここではないとつっけんどんに返された。たらい回しにされるのに苛立ったが、さすがはインドと諦めるしかない。

三度目の正直で辿り着いたカウンターは、他と比べなぜかここだけ異様に空いていた。けれど看板の表示には、チェンナイ行きと書いてある。本当にここで良いのだろうか？　またあっちへ行けとか言われるかもなあ……。投げやりな気持ちでパスポートを手渡し、バラナシまでと告げる——ここでOKらしい。

デリーではしばしばテロ事件も起きている。だから警戒していたのだが、手荷物チェックは別に普通で、むしろゆるいぐらいだった。そこを抜けると、国際線並みに豪華なショッピングアーケードが現れた。お馴染みのMARKS&SPENCERを見つけたので、暇つぶしがてら物色してみる。この手のいわゆるファストファッション・ブランドが、世界のあちこちで幅を利かせるようになって久しい。日本でいえばユニクロのような存在だが、旅先で着るものを調達したい場合には大いに重宝する。そういえば、チュンくんに昨晩言われたことを思い出した。

「ブータンではジーンズは駄目なんですよ。トモさん、他に持ってますか？」

ジーンズ以外には短パンぐらいしか持ってきていないから、どこかで買おうと思っていたのだ。チノパンの値札に目を落とす——一二〇〇ルピー。約一八〇〇円は手頃だ。いちおう試着はしてサイズを確認し、レジへ持っていった。お洒落な若者の店員が、恭《うやうや》しく包装してくれた。これからバラナシへ行くなんて実感が湧いてこない。

寄り道していたせいで、気がついたら搭乗一〇分前になっていた。またしてもギリギリだ。まったく懲りていないというか、なんというか。本当は朝ご飯を食べたかったのだが、さすがにその余裕はなさそうだ。

空港は想像していた以上に広く、二八番搭乗口に着いた時には搭乗開始時間を五分過ぎていた。しかし——搭乗口の前には仏頂面の乗客たちがたむろしている。出発が遅れているようだ。これ幸いとばかり、僕は引き返してコーヒーとドーナツを買った。貧しい朝食だが、贅沢は言えない。

定刻より一五分遅れで搭乗が始まった。さすがはバラナシ行きだからだろうか。明らかに観光客と思しき乗客がほとんどだ。見ると日本人も結構いて、日本語があちこちから聞こえてくるのは新鮮だった。

離陸すると、機内食が配られ始めた。なんだなんだ。国内線だから何も出ないだろうと踏んでドーナツをつまんだのに……。

とはいえ、軽食だ。紙でできたランチボックスを開けると、サンドイッチに、チーズを揚げた謎の食べ物が付け合わせで入っている。あとデザートとしてスポンジケーキも。ついさっき食べたばかりなのに、僕は完食してしまった。

ああ、食いしん坊万歳。

*

機内では再び予習の時間となった。『地球の歩き方 インド』を開き、これから訪れるバラナシのページを探す——またしてもおやっ？　と目を瞠《みは》った。「バナーラス」と書いてあり、その横に括弧書きで「ヴァーラーナスィー」と補足されている。

外国の地名については、書物によって呼び方に多少の違いが生じるのはよくあることだ。けれど、僕はこれまでずっと「バラナシ」だと認識してきたし、旅仲間と話していても「バナーラス」などと言う人には正直会ったことがない。せいぜいいても、イギリス領時代の呼び名である「ベナレス」とあえて呼ぶぐらいだろう。

そうか、バナーラスか……。バラナシという呼び方は、単なる旅行者用語だったのだろうか。このガイドブックには、目からウロコな気分にさせられてばかりだ。

とはいえ、混乱しそうなので、僕はやはり「バラナシ」と呼び続けたい。頑固なのである。強情なのである。

そのバラナシに僕は到着した。飛行機を降り、荷物が出てくるのを待ちながら、「さて、どうしようか」と頭を悩ませていた。

泊まるところが決まっていないのだ。予約はしていないし、アテもない。

バラナシへ来るのはこれが初めてではないから、若干の土地勘はある。昔お世話になった宿を目指そうかとも最初考えた。

ガンガー（ガンジス河のこと。『地球の歩き方』にガンジス河ではなく、ガンガーと呼ぼうと書いてあったので……）沿いの旧市街には、「ベンガリートラ」という名の超有名な安宿エリアがある。以前に泊まったのもその一角のゲストハウスだった。

僕はベンガリートラの記憶を辿った――まるで迷路だった。道そのものが複雑なのに加え、道中には胡散臭い客引きや、物乞いや、牛や、猿や、さらには排泄物などあらゆる障害物が想定される。

――無理だ。前回来た時からもう一〇年近く経っている。記憶はあやふやだし、簡単に辿り着けるとは思えない。

もっと正直に言おう。

怖い……。怖《お》じ気づいていた。無防備に魔窟に迷い込む勇気が出ないのだ。

散々あちこち行って偉そうなことを書いてるくせに、実は根っからの小心者なのである。危険な場所へは極力近づきたくないし、ピンチに陥ったらお金で解決するタイプだ。ヘタレな旅人なのである。都会のもやしっ子と言われても、返す言葉がない。

荷物もあることだし、下手に突入したら、カモがネギを背負ってきた状態になるのはまず間違いないであろうことが予想された。

となると、予防線を張っておきたい。

頼りになるのは『地球の歩き方』だった。宿のページを舐め回すように熟読し、泊まる場所を決め打ちしようと思い立った。

改めて悟ったが、手頃な値段の宿はやはりベンガリートラに集中している。ガンジス河、じゃなかったガンガーのすぐ近くという立地条件を考慮しても、あそこを避けては通れないということが理解できた。ただし、ベンガリートラに泊まるとしても、あまり奥まった場所は避けたい。わかりやすそうな場所にある宿を適当に見繕《みつくろ》った。

念のため、電話で空室があるかだけは確認することにした。インドに到着した際に、デリーの空港でＳＩＭカードを買っておいたのが役に立った。

ところが、そう上手くは運ばない。電話をかけると満室だとにべなく断られたのだ。それも一軒ではない。何軒か当たったものの。口を揃えて駄目だと言う。

あれれ、バラナシ混んでいるのだろうか……。

雲行きが怪しくなってきた。このままではカモネギ化してしまう。
こうなったら手当たり次第電話をかけるしかない。
ガイドブックの、「ラクシュミー・ゲストハウス」という名の宿に目が留まった。読者の投稿によるクチコミ情報が記載されていた。

——バダルさんという日本語の上手なスタッフがいて親切にしてくれました。

この記述を読んで、僕はしばし逡巡《しゅんじゅん》した。インド、とりわけバラナシに関して言えば、日本語を使うインド人ほど怪しいものはないからだ。会ってもいない人を疑うのは本意ではないが、ガイドブックに載っているとはいえ、この種の情報を鵜呑みにするのは危険かもしれないと過去の経験が僕に訴えかけてくる。
加えてこうも書いてあった。

——バダル青年を名乗るニセのバダルも存在するようなので、気を付けて下さい。

なるほど、ニセが現れるほどの有名人なのだろうか。俄《にわか》に興味が湧いてきた。会ってみたい衝動が頭をもたげた。

載っていた電話番号をプッシュしてみる――つながった！

「ナマステー、ドゥユーハブアルームトゥナイト？」

「……ウェイト、ワンミニッツ、サー」

ちょっと待ってと返された。沈黙の時間が流れる――。

部屋の空きを確認してくれているのだろうか……反応を待っていると、電話の向こうは別の男に変わったようだった。

「はいもしもし。部屋はあります。今どこですか？」

えっ、日本語？　驚いた。

「ワタシ、バダル。ガイドブックに書いてあるでしょ？」

噂の有名人のお出ましだ。本当にいるんだ、となんだか嬉しくなった。

「今、空港にいるのですが。部屋はいくらですか？」

「何人？」

「一人です」

「ガンガービューの部屋だと八〇〇か六〇〇」

「何が違うんですか？」

「同じです」

同じって……二〇〇も違うのに？　という疑問を打ち消しつつ、

「エアコンは付いてますか？」と訊いてみる。

「エアコン付きは一〇〇〇ね」

「えっ、六〇〇と八〇〇しかないんじゃないの？」

「一〇〇〇は六〇〇と同じ部屋。エアコン使わないなら六〇〇ね」

そうかそうか。ようやく腑に落ちた。この口ぶりだと、エアコンなんて使う人いないんだろうなあ。一番安い六〇〇ルピーでも、ちょっと高い気はしたが、これから行くので、どっちにするかは見てから決めると伝え、僕は電話を切った。ともかく泊まるアテができたので、ひとまず安心といったところだ。

荷物をピックアップして、到着ロビーへ出ると、建物内はがらんとしていた。ショップの類いは何一つ見当たらない。よく見るとこの空港もかなり綺麗で、インドではないみたいにピカピカしていた。

ドアを開けるとむわっとした熱気が身体に絡みついてきた。肌寒いぐらいだったデリーとは同じ国とは思えない気温差だ。

同時に、出迎えなのか客引きなのかわからない男たちの視線が僕に集まった。取って喰われそうでドキリとした。お手柔らかに、お手柔らかに。

入口のすぐ脇に、プリペイドタクシーのカウンターがあったので、声をかける。カウンターといっても、テーブルを一つ出しただけの粗末なものだ。

「ゴードリヤーまで」

僕はガンガーに一番近い交差点の名前を口にした。カウンターのスタッフは、テーブルの上の大きなノートに視線を走らせた後、近くに立っていた男に何か言った。運転手なのだろう。カウンターの周りには、血走った目つきの男たちが色めき立っている。乗ってきた飛行機の大きさを考えると、客にあぶれる運転手もきっといるのだろうなあと思えるほど、需要と供給のバランスが取れていなさそうに見えた。

タクシー代は五〇〇ルピーだった。公定料金で値引きの余地はなさそうだ。お金を支払うと、僕に一枚、運転手の男に一枚、用紙を手渡した。

運転手がこっちだと手招きするのについていくと、一台のジープが止まっていた。あれ、運転席に誰か座っている……。どうやら案内してくれた男は運転手ではなかったようだ。荷物をトランクに入れ、後部座席に乗り込むと、案内してくれた男もなぜか助手席に収まった。何で君も乗るの?

ピコンと頭の中で危険信号が点灯した。嫌な汗が背中を伝った。

車が走り始めると、助手席の男は後ろを振り返って英語で言った。

「駐車場代はダンナが払うことになっていますから」

……本当に? 怪しすぎる。僕が納得していない雰囲気なのに気づき、男はカウンターでもらった紙きれを指し示しながら、これに書いてあると付け足した。見てみると、確かにそんなようなことが書いてあった。うーむ、釈然としないのだ。

駐車場の出口で、僕が渋々四〇ルピーの駐車場代を支払うのを見届けると、

「こいつは俺のブラザーなんだ。チップを弾んでやってくれ」

と言い残して助手席の男は去って行った。そうか、確実に客に駐車場代を出させるために、英語のできる客引き＝兄がここまで着いてきたのだ。

埃《ほこり》っぽい道を走っていく。いや、埃っぽいというより、埃しかないぐらいで、フロントガラスから先の視界が遮られていた。砂塵が舞う中、時折対向車が突然現れ、その度にヒヤッとさせられる。運転手は案の定英語がわからないらしく、話しかけても要領を得なかった。それにしても暑い。暑すぎる。ダウンなんてとんでもない。長袖のシャツも脱いで、僕はTシャツ姿になった。

走り始めはポツンポツンとしか見当たらなかった民家が、次第にポツポツポツと増えてきて、それがガヤガヤに変わった瞬間、僕はバラナシの街に到着したことを知った。実際にはガヤガヤなんて可愛らしい形容どころではなく、前後左右三六〇度全方向から、車やバイク、自転車、リキシャーが現れ、我先にと前を急ぐように狭い道路スペースを奪い合う。こんな運転してよくぶつからないものだと独りごちていたら、目の前でリキシャーと自転車がガツンとクラッシュした。うわあ大変と思ったのも束の間、当事者たちは一言二言交わしただけで、何もなかったかのごとく、再び走り出した。クラクションが耳を覆い

たくなるほどにけたたましく鳴り響く。

とんでもない場所へ来てしまった――。

いよいよ本格的にインドの旅が始まったのだ。


渋滞に捕《つか》まると、三分の一だけ開いたジープの窓ガラス越しに、ひっきりなしに物売りや物乞いが声をかけてくる。とりあえず無視を決め込むが、キリがない。鬱陶しいので窓を閉めきりたいところだが、エアコンのない車内でそれをするのも自殺行為だった。

ドンドン――。左横から車体を叩く男がいる。

もういい加減にしてくれ！　乱暴な言葉が口をつきそうになった刹那、叩いていた男が顔をほころばせた。

「おれおれ」

耳を疑った。確かにそう聞こえたのだ。オレオレ詐欺？

「バダルです。さっき電話で話した……」

なんだって？　これほど怪しい登場の仕方もない。『地球の歩き方』にもニセモノがいるので注意しろって確か書いてあったし。僕が訝っているのを察したのか、バダルと名乗る男は、のろのろ進むジープに併走しながら、携帯を取り出した――ブルブルッと僕のスマートフォンが震える。表示を見る。さっきかけた番号だった。着信履歴から辿ったらしい。どうやら本物のバダル氏のようだ。

「迎えに来ました。このあたりは怪しい客引きが多いから」

そう言って肩を揺らす男を見て、君も相当怪しかったけどね……という言葉をぐっと呑み込んだ。バダルは運転席に回って説明し、さっさと僕の荷物を担ぎ出して、「さあ行こう」と促した。

「たくさん人がいるのに、なんでわかったの？」

最早敬語を使うのも馬鹿らしかった。

「空港からだと必ずこの道を通るから。それに一人だったし、わかるよ」

難事件を解決した名探偵のように、バダルは得々と種明かしをする。でもまさか出迎えに来てくれるとは夢にも思わなかった。こういったきめ細かいサービスが、日本人旅行者受けするのだろうなあと僕はまだ穿《うが》った見方をしていた。

彼の後に続く。洪水のような往来の激しさに目をぱちくりさせていたが、ゴードリヤー交差点を抜けたのはわかった。懐かしさが込み上げてくる。デリーでは変わりゆくインドを印象付けられたばかりだが、ここバラナシは何一つ変わっていない。相変わらずゴミゴミしていて、タイムスリップしたみたいだ。

昔食べたことのあるカレー屋の角を曲がると、目的の宿に着いた。

「じゃあパスポートを」とバダルに言われたが、念のため、先に部屋を見せてもらうことにする。階段を上った。上り続けた。しかしなかなか部屋は現れない。高層マンションのように、上に伸びているのはバラナシ旧市街ではよくある建物構造だったことを思い出した。

「まだ上るの？　次の階？」ぜいぜい息切れしていた。

「いや、あと二つだよ」バダルは平然としていた。

部屋に案内されると、なんと掃除中だった。前に泊まっていた者がチェックアウトしたばかりらしい。やはり、今の時期のバラナシは混雑しているようだ。

部屋の広さや設備は普通だった。六〇〇ルピーも取るだけのことはあり、ちょっとしたソファが設《しつら》えられていたりして、安宿にしては高級な部類に入るだろうか。

気に入ったのは、窓があることと、そこから見える景色だった。

ガンガーがバッチリ見える。

僕は即断した。宿探しでは第一印象を大事にしたい。

「エアコン使う？　使うなら一〇〇〇ね」

夜も暑いのか？　とバダルに訊いたら、ファンを回せば十分涼しいよと言われ、ならばエアコンなしでいいと僕は決めた。

部屋の清掃にもう少し時間がかかるとのことで、屋上に誘われた。上がってみて感激した。部屋の窓よりもさらに、テラスからの眺めは素晴らしかった。

ガンガーよ、帰ってきたよ――叫びたいほどに気持ちが高ぶった。

テラスに配置されていた安っぽい椅子に腰掛け、しばしバダルと談笑する。

「デリーからは何で来たの？　エアインディア？　あれはノーグッドね。おばちゃんばっかりでしょう。キングフィッシャーの方が仕事が早いよ。若いしね」

キャビンアテンダントの年齢層がいかに違うのかを彼は力説した。言われてみると、乗ってきた飛行機の客室乗務員には綺麗なお姉さんはいなかったかもしれない。

「さっきかけてきた電話、インドのでしょう？　みんな日本の携帯でかけてくるから驚いたよ。なんでインドのＳＩＭカードを持ってるの？」

着信番号を見て不思議に思ったのだそうだ。名探偵は、察しがいいのだ。インドのＳＩＭカードを買う旅行者はいないの？　と訊いたら首を大きく横に振った。

「このへん、悪い人いっぱい。日本語話せるガイド、八〇〇人いるからね」

さも許せないといった感じでバダルは語り始め、「騙すんだ」と続けた。僕も大いに心当たりがあるので、うんうん頷きながら彼の話を聞く。でも、申し訳ないけれど、まだ一〇〇パーセント、バダルを信用したわけでもなかった。

「バダルは騙さないんだ？」話の流れでさり気なく僕は訊ねた。

「騙したら、その時はいい思いできるけど……。良くすれば後でもっと人が来るよ。一〇人、二〇人と来た方が商売上手ね」

優等生な答えだった。確かにその通りだし、そうすべきだと強く思う。けれど一方で僕はまだ疑いの眼差しも捨てきれなかった。彼の次の一言が心に引っかかった。

「そのガイドブック、名前載っているのオレだけだよ」

バダルは『地球の歩き方』を指して鼻を鳴らした。確かに僕もこれを見て興味を持ったのだが、こうも自慢げに語られると白けてしまうのも正直なところだった。

彼は二五歳だと自己紹介していた。まだ若いのだ。一〇代の頃からこの仕事をしているんだと誇らしげに胸を張る。異国のガイドブックに自分の名前だけが載っていることは、栄誉だと感じる気持ちは理解できる。しかもバラナシという、インド屈指、いや世界でも指折りのツーリストスポットで、である。

これが日本人だったら、わざわざ鼻にかけてまで言う話でもないと考える者の方が多いはずだ。つまるところ、彼はインド人なのだ。どんなに日本語がぺらぺらでも、気質はバラナシの旅行者を相手に生きているインド人なのだ。根はきっといいやつなのだろうと思う。海千山千のガイドが巣くうバラナシという土地柄が、彼を生き急がせている——失礼ながら、そんな印象を受けた。

そのことを裏付けるわけではないが、彼は商売自体に対してアグレッシブだった。まずは、こちらの状況に探りを入れる。

「何泊するのか?」

「この後はどこへ行くのか?」などお決まりの質問だ。そのうえで、

「ボートトリップを紹介しようか?」

「安い土産物屋を教えようか?」と徐々にこちらの気を引こうとする。

僕がバラナシの後はブッダガヤへ行くんだと告げると、目を輝かせた。

「ブッダガヤは日帰りでも行けるよ。朝の四時に出れば大丈夫。車の種類にもよるけど、六〇〇〇ルピーってとこかな。オレもうブッダガヤには三五回も行ったんだ。良かったらガイドするよ」

バダルは畳み掛けるようにして嘯《うそぶ》いた。三五回とやけに中途半端な回数が即座に出てくる所が、聞いていて内心可笑しかった。

「ベンガリートラの宿は駄目な日本人だらけね。日本人が日本人を騙すから注意して。バラナシは今はとても危ない。あ、ブッダガヤもだよ。あそこも危ないね」

どこまで本当の話かわからないが、親切心で忠告してくれると捉え、僕は気を引き締めようと誓った。日本人が日本人を騙す——か。悲しいけど、あり得なくはない。

話に花を咲かせていると、小さな少年が駆け上がってきて、バダルに何かを言った。

「部屋の準備できたよ。ともかく、何かあったら電話してね。旅行会社バダル、だから。本当に何でも相談して。電話が繋がらなかったらフロントに言えばすぐ来るから」

彼は最後まで無邪気なスマイルと、営業トークを忘れなかった。そのことと僕が電話す

るかどうかは別問題だが、よく考えたら僕の電話番号は割れている。こちらからかけなくても、かかってきたりして……。面倒なことにならなければ良いが。

フロントに降りて改めてチェックインをしていると、フロントの親父が言った。

「シルク、クルター、グッドクオリティ、ベリーチープ」

「…………」始まった、と独りごちる。シルクなんて要らない。クルターとはクルタパジャマのことだろう。いいから早くチェックインして欲しい。

親父がまくし立てる売り込みを、僕はニコニコしながら聞き流す。

やっかいな場所へ来てしまった警戒感と、手強さに挑む冒険心がない交ぜになった複雑な気持ちがむくむく湧いてきた。僕は旅の手応えを感じ始めていた。

世田谷、阿佐谷、ブッダガヤ

聖地バラナシは、悪党たちにとっても別の意味で聖地である。

うざい連中をどうやり過ごそうかなあと、構えすぎていたからかもしれない。街を軽く散歩してみると、案外そんなでもないと感じた。

「ノータカイ」や「ベリーヤスイ」といった、恒例の怪しいニホンゴを各所から連発されるも、無視している限りはとりあえずの実害はない。

ネットに繋がったスマートフォンでツイッターを開き、「バラナシなう」と呟いたら、フォロワーの方から「サクッとぼられて」などという無茶な要望が返ってきたが、サクッとぼられるのを潔《いさぎよ》しとするほど純情ではないのだ。

しかし、オシッコ臭かった。ウンチも嫌と言うほど目にした。常に下を確認しながら歩かないと、踏んづけてしまいそうな恐怖との隣り合わせだ。おばさんが水まきをしていて、いいぞいいぞもっとやってくれ、とエールを送りながら見守っていたら、スポンとホースが外れて、飛び散った水をたっぷり浴びるというトンマな出来事もあった。

何も観光せずとも、必ず何かが起こる。バラナシは飽きない街だった。

人がすれ違うのもやっとの狭い道を、牛がのっしのっしと歩いて行く。生きているのか死んでいるのか定かではない、動物としての尊厳をうっちゃって惰眠《だみん》を貪《むさぼ》っている野良犬を邪魔そうに追いやりながら、のっしのっしと歩いて行く。『地球の歩き方』によれば、バラナシでは牛のように歩くのが吉とのことなので、僕も真似してのっしのっしと歩いてみた——。

——キキーン。大きなブレーキ音がして、後方を振り返った。

バイクに轢かれそうになった……危機一髪。

もちろん、真っ先にガンガーへも繰り出した。ガンガーに面した岸辺は、ガートと呼ばれる沐浴場《もくよくじよう》がひしめいている。その数八四もある。旧市街の中心に位置し、最も多くの人出を集める、最有力ガートはダシャシュワメード・ガートだ。

舌を嚙みそうな名前だが、バラナシへ来た観光客ならほぼ全員がここを訪れる。メインの中のメインだ。つまり、ここは悪人の数もバラナシ一で、初《うぶ》な観光客としては最も気を付けたい敵地でもある。さあ、来るならかかってこい！　と全身からバリアーを発しながら写真を撮っていると、本当に来るわ来るわ……。

「ジャパーン？　コリア？」

「ボートトリップ？　ベリーチープ」

「シルク？　ノータカイ、ベリーグッドクオリティ」

自分が人気者になった錯覚さえしてくる。以前にバラナシに滞在していた当時の記憶が呼び覚まされた。同じようにダシャシュワメード・ガートをウロウロしていた時のことだ。一〇メートルぐらい離れた所を、同じ宿で仲良くなったフランス人のカップルが偶然通り過ぎるのを見かけた。

「ナマステー、ボンジュール」と彼らに呼びかけ、手を大きく振ったのだが、全くこちらを振り返ってくれない。聞こえていないはずはないので、僕は首をかしげたのだが、冷静に考えてみると思い当たる節はあった。

　そう、彼らは僕の声を客引きだと思い込み、聞こえない振りをしていたのだ。バラナシで少しでも快適に旅がしたいなら、向こうから話しかけてくる者は相手にしないのが最低限の鉄則なのだとその時学んだ。それぐらいしないと、無防備な外国人は絡め取られてしまう。

　翻《ひるがえ》って、あまりにシャットアウトし過ぎるのも……という気持ちもある。サファリカーに乗ってガラス越しに覗き見するように、観光地巡りをしたいわけでもないのだ。この辺りの匙加減が案外難しい。騙されるのは絶対嫌だし、極力不快な目には遭いたくない一方で、迫り来る稜々《りょうりょう》たるインド人の強襲を軽やかにいなす術を身につけられればと願う。

　正午過ぎのガートは人も少なめだった。この暑さだからねえ、とひどく納得する。見ると日本人の旅行者がかなり多い。ツアー客というよりは、明らかにバックパッカーにしか見えないヒッピー風の身なりをしている者が目につく。

　意外だったのは、すれ違うのは女性パッカーばかりだということ。オシッコ臭い中、可愛らしいギャルたちが闊歩《かっぽ》しているのは不思議な光景だった。出会いを求める男性陣よ、いざバラナシへ！

　再び前回滞在時の記憶が頭をもたげる。あれは真夜中のことだった。

　トントントントン――部屋のドアをノックする音がした。こんな時間に何だろうと訝ったら、隣の部屋の日本人の男の子だった。学生だと言っていた。真っ白い肌は、旅に出てまだ間もないことを如実に物語っていた。

「すみません、なんか部屋に変な……、変な動物がいるんです……」

サッと血の気が引いた。青年の、この世のものとは思えないさも恐ろしいものを見たんだと言わんばかりの真っ青な顔を前にして、お化けが出るなんて聞いてないよと僕は身構えた。

おそるおそる隣の部屋を覗きに行くと——ヤモリだった。

拍子抜けである。オチとしては笑い話にしかならない。けれどその青年にとっては一大事だったのだ。日本で都会に生まれ育ったならば、ヤモリなんて目にする機会は滅多にない。いや、遭遇確率はほとんどゼロかもしれない。

「あれはヤモリですよ。蚊を食べてくれるから……」

僕の説明を、青年はきょとんとした顔で聞いていたのが印象的だった。その青年とは以来一度も連絡を取っていないが、今でも旅を続けているのなら、どんな旅人になっているのだろうと想像が膨らむ。

僕自身も決して他人のことを笑えないとは自覚している。インドを一人旅するなんて、以前の僕にとっては恐ろしすぎて考えられないことだった。ヤモリだって、その前に東南アジアを旅して免疫が付いていなかったら、爬虫類的なルックスに気持ち悪さを通り越して、恐怖感を覚えていたかもしれない。
旅に出ると、自分がこれまで知らなかった価値観に出合うことは数知れない。そのことを是と感じるなら、旅立ちは有意義な選択だと思う。自分の見識を広げることは、自分探しとは別モノだろう。日本人として保ち続けてきた固定観念が脆《もろ》くも次々崩れ去っていく。その瞬間こそが、快感なのだ。

異文化と向き合うことで成長していく——旅の恩恵の一つだと思う。

そしてその意味においては、インドほど修行にうってつけの地もないかもしれない。

僕はチャイ屋を探した。最近は日本でも小洒落たカフェなどでメニューに見かけるようになった。いわゆるマサラミルクティーというやつだが、本場のチャイは決して仰々しい飲み物ではない。午後の紅茶なんてハイソな世界とも無縁だ。ちょっと一服、といった感じで気軽にグイ飲みできる庶民の飲み物である。

小さな素焼きの器に入っているのが基本パターンで、飲み干したら器を地面に投げ捨てる。ガチャンと割れた器はそのうち土に返ってくれる。エコの極致なのだ。

ただし最近はインドも綺麗になってきたのか、素焼きの器ではなく、ビニールコップで出される店も少なくない。デリーで飲んだのもそうだった。

チャイは素焼きに限る。素焼きのチャイ屋がないか、僕はキョロキョロしていた。

「何探してるの？」

突然声をかけられた。バダルよりもさらに若そうなインド人の少年が立っていた。

「チャイ」

素直にそう答えてしまい後悔した。ニホンゴ使いのインド人の登場に、警戒シグナルがビコビコ鳴り始める。

「この上にあるよ。案内します。お金は要らないからね」

そう言ってこちらの返事も待たず先導する。いや、いいよいいよ、と今更断れる雰囲気でもなく、僕はなし崩し的に彼に付いていって、チャイにありついた。

飲んでいると、少年の友だちだという男たちが二人現れた。おやっと思った。一人は日本人なのだ。彼ら三人は随分仲が良さそうで、この人がチャイを飲みたいって言ったから案内したんだ、と事の経緯を少年が横で説明している。

——日本人が日本人騙すから注意して。

バダルの忠告が頭を過《よぎ》った。日本人どうしとなると途端に油断してしまう。

「大沢たかお、知ってる？　オレ会ったよ」

過去に何度その台詞を吐いたんだろうと空想したくなるような、少年の発言だった。『深夜特急』の撮影で大沢たかお氏が来た時の話をしているんだとすぐに理解し、僕はシンガポールで一緒にロケをしたテレビ局のディレクター氏の顔を思い描いた。彼も大沢たかおが……って言ってたっけ。変な所で繋がるものだ。

「あとねえ、日本のマンガにも出てるんだ」

「へえ、なんてマンガ?」

「インドへ行ってきた」

そのマンガなら読んだことがある。正確には『インドまで行ってきた!』だ。

バダルもそうだったが、日本の本に出ている、日本の有名人に会った、と事あるごとに吹聴するのは彼らにとって殺し文句のつもりなのだろうか。そう聞いて安心させられるほどあどけない心を僕はもう持っていない。こうして書いてしまったので、下手したらこの本も彼の新たな宣伝材料の一つになるのかもしれないが。

ただ、彼の話は実際面白かった。語り口は年齢を感じさせないほど大人びていて、ある種の教養やウイットも持ち合わせているように見えた。

「日本はどこ?」少年が好奇心の目を向けてくる。

「東京だよ」

「東京のどこ?」

「えっ、世田谷?」

「知ってるよ、世田谷、阿佐ヶ谷、ブッタガヤ」

そう言っておどける少年を前に、僕もついプッと噴き出した。ありがちなギャグだが、初めて聞いた。僕にとっては新ネタであった。

「インドで一番重いもの知ってる？」

「さあ、何だろう」

「ジンセイさ」

万事がこの調子である。警戒していたものがどんどん消えていく。

おじさん、何歳？」

「おじさん！　否定はできないが、こうもサラッと言われるとムッとする。

「……三四歳」

「そう、じゃあ、おじさんじゃないね」

あっさり前言撤回。悪びれる風でもない。逆に彼の年齢を尋ねると一七歳だと言う。ちょうど僕の半分ではないか。二倍もジンセイを生きているのだとしたら、僕はやはりおじさんなのだろうなあと寂寥《せきりょう》感が込み上げてくる。

「お土産はいらない？」

ついに来たと思った。キタ！　という感じだ。頃合いを見計らっていたかのように、後ろで静かに見守っていた日本人青年が初めて口を開いた。

「彼は土産物屋をやってるんですよ」

「いや、バラナシは初めてではないし、前に散々買ったから……」

僕はどうやってこの場を乗り越えようか思索を巡らした。

「日本の本とかもありますよ。良かったら覗くだけでも」

日本人青年がさらに言葉を重ねる。

「お土産行こうよ。安くするよ」少年の眼差しに一層光りが灯る。

「……いや、お土産はいいや。ごめん。ここのチャイはいくら？」

「三ルピー。でもいいよ。奢りだから」

そう言われて、以前の僕だったら三ルピーしっかり払ったうえで、さらに土産物屋に連れ込まれたかもしれないと思った。

「あっ、そう。じゃあお言葉に甘えて」

ありがとうとお礼を言い、僕は踵を返した。しつこく食い下がられるかな、と身構えたが、少年は意外にも執着することなく解放してくれた。

そして、「結婚はしてる？」と、去り際になんで？という不思議な質問をし、僕が「してるよ」と答えると、「良かったね」と白い歯を見せた。気のせいかもしれないが、隣で日本人の男が恨めしそうな顔をしていた。少年の名前を訊くのを忘れたと気がついた時には、すでにチャイ屋は後方の遠く彼方だった。

*

早起きが苦手な僕が朝の四時台に起床できたのは快挙だった。

バラナシ最大のハイライトであるガンガーでの沐浴を見学するためだ。最も盛り上がるのは日が昇る瞬間だから、どんなに眠くても目を覚まさないと、ここへ来た意味がない。日の出が正確には何時なのかを、昨日いちおう聞き取り調査してみたものの、人によって答えはまちまちで、六時半という者もいれば、五時過ぎだと力説する者もいた。仕方ないので、聞いた中で最も早い時間よりも少し早く訪れることにし、目覚ましをセットしていた。

朝起きられない人はぜひバラナシへ。規則正しい生活を取り戻せるかもしれない。

朝起きられないのは僕に限った話ではないようで、宿を出ようと一階に降りたら、真っ暗な狭い部屋で門番の男が毛布にくるまっていた。治安上の理由から、入口は鉄格子で遮られており、しっかり鍵がかかっている。侵入者を阻むためのものなのだろうが、外へ出たい旅人も阻まれた。鉄格子が開かないものかとガチャガチャ音を立てていたのに、門番はすぐ横で身じろぎもせずに寝息を立てている。

そんなことでは門番が務まらないだろうに……となかば呆れながら、僕は彼を揺すってみた——ムニャムニャしながらも薄目を開けてこちらを覗き見る。

「外へ行きたいんだけど……」

すると男は面倒くさそうにフロントの方向を指差した。鍵があるのだろうか？

近寄ってみると、テーブルの上には何もなく、カウンター越しに中で親父が舟を漕いでいるのが見えた。

ナマステ——親父に声をかけるも、ピクリとも反応しない。僕は親父の身体を軽くとんとんと叩いた。ようやく目を覚ました。

「外へ行きたいんだけど……」

「……ウーン……アイウィルカム」親父はか細い声でそう言ったかと思うと、あろうことか再び目を閉じた。どうやら、起きる気はなさそうだ。

僕はまた門番の男を揺すった。親父が起きないんだ、と肩を竦《すく》め、事態の解決を訴えかける。ムニャムニャしながらも、彼はとうとう観念したのか、毛布から這い出てきて鍵をガチャリと開けた。

「サンキュー」お礼を言って外へ出たのを見届けると、男は鍵を閉め、そそくさと毛布にくるまった。

ベンガリートラを抜け、ガートに続く大通りに出ると、ガンガーの方角に人波が続いていた。街灯の微《かす》かな明かりを頼りにシャッターを切りながら、僕も彼らの後に続く。ポリタンクを売る露店が威勢のいい声を上げていた。ガンガーの水を記念に持ち帰るためのものだろう。宿のスタッフが完全に撃沈していたので、早すぎたかなと少し後悔気味でいたが、目の前の光景はバラナシの聖なる朝がすでに始まっていることを物語っていた。

階段を下りていくと、両脇には地べたに這いつくばるようにして、物乞いたちがひしめいていた。手のひらをお椀の形にして、僕の前に差し出してくる。赤子を抱いた女性や、手や足のない者もいた。

バクシーシ――つまりは喜捨《きしゃ》のことだが、僕はいまだに戸惑ってしまう。無視することも多いが、あげる時もある。どうするべきという決まりはないものだし、僕自身これといった確固たる方針はないから、心の準備ができていない状態でいざ直面すると激しく狼狽《うろた》えてしまう。

ガンガーの目の前まで到着すると、薄闇に複数の色が滲んでいるようだった。女性たちの原色のサリーが、昼間目にするのよりもさらに輝きを増して見えた。さっきまで漆黒《しっこく》だった空の色は、群青色《ぐんじょういろ》に変わっていて、街灯の仄《ほの》かな明かりがゆらゆらと水面に映り込み、美しさに僕は息を呑んだ。

巡礼者たちは、ソロリソロリと河の中へ入っていく。両手で水をすくって、頭の上から静かに注ぐ。さらにすくって、顔から穢《けが》れを洗い落とすようにして水の感触を確かめる。

一連の段取りを経た者は、不浄の地とされる河の対岸の方向へ両手を合わせて祈りを捧げ、全身を水の下に浸す。頭の上までスッポリ水中に浸かり、起き上がってまた両手を合わせることを繰り返す。

濡れたサリーが張りついて女性たちは身体のラインが強調される。けれど不思議と艶めかしさは感じない。男性たちは、肉付きの良い者も、痩せて背骨が浮き出た者も一様にブリーフ一丁で、褐色の肌に飛沫《ひまつ》を滴らせている。

聖地という言葉に対して、僕は懐疑的なタイプだ。罰当たりな人間だと言い換えてもいい。けれど、ガンガーへ来ると正直考えさせられる。沐浴を終えた人々の顔からは、喜びが垣間見えるのだ。中には水滴なのか涙なのか判別できないような、歓喜の表情を浮かべ震えている者もいる。彼らと僕の違いは、祈りの対象があるか否かだ。神様を信じることができれば、少なくとも彼らのような喜びの瞬間を味わえると思うと、僕の方がずっと不幸なのではという気さえしてくる。

とはいえ、冷静かつ客観的に自己分析しなくても、僕は単なる外国からの観光客に過ぎなかった。彼らを真似して水に浸かる勇気なんてないし、映画を観るように、繰り広げられるドラマをじっと観察していることしかできない。

空は刻一刻と白々としていき、やがて対岸の地平線から太陽が顔を覗かせた。外国人のツアー客たちが、ボートの上からカメラを一斉にこちらに向けていた。

＊

小休止のために部屋に戻ってきたら、そのままベッドに倒れ込んで二度寝してしまった。三時間近くは眠っていただろうか。開けっ放しにしていた窓から流れる、往来のざわざわした音と、鳴り止まないヒンディーポップスが目覚まし代わりになった。

シャワーを浴びようとしたら、タオルも石鹼も置いてなくて、自分が安宿に泊まっていることを実感する。よく見るとトイレットペーパーもない。外の雑貨屋へ必要なものを買いに出かけると、トイレットペーパーはワンロールで五〇ルピーもした。日本で買うよりも高いが、ここはそういう国なのだと諦める。インドの人たちは、用を足した後は水で流すのだ。

ベンガリートラをぶらぶらしていると、前回来た当時にはなかった新しいレストランを発見した。僕は昼食を取ることにした。チョーメンという、日本で言えば焼きそばのような食べ物と、あとはラッシーを頼む。本当はビールでもグビッといきたいところだが、ここはヒンドゥー教の聖地だ。メニューに載っているはずもなかった。

バラナシにしては清潔な方だからか、レストランは外国人バックパッカーたちでかなり混雑していて、店員の男は目が回りそうな忙しさに顔に嫌気を浮かべていた。まだ席は残っているのに、新たに客が来店すると、もうこれ以上は無理だと断っている。僕は日記を書きつつ、チョーメンが出てくるのを待っていた。

ところがいつまで経ってもやってこなかった。チョーメンはおろか、ラッシーさえ持ってくる気配がない。喉が渇いてカラカラだった。目と鼻の先に飲み物が入った冷蔵庫が見えたので、僕はスプライトを追加注文した。さすがにすぐに出てきた。瓶に入ったそれをストローでチューチューしながら、再び日記を書き進めていたが、やはりチョーメンは出てこない。

僕より後に入った客がすでに食べ終えているのを見て、忘れられている事実を認めざるを得なかった。遅いのは仕方ないとしても、この店に限らず、インドではオーダーを忘れられることがかなり多いと感じる。カースト制度の名残なのか、自分の役割ではないことは一切したがらないし、とにかく気が利かない。何かミスをしても、自分のせいではないとケロリとしている。

文句を言ったら、やっとのことでチョーメンが運ばれてきたが、忘れていたことに対する詫びの一言もなかった。忌々《いまいま》しい気持ちでいたせいか、味わう余裕もなくお腹を膨らませた。この程度で心をかき乱されていたら、この国は旅できないのだが……。ラッシーは遂に最後まで出てこなかった。

日没を迎え再度ガンガーへ向かった。「プージャー」という礼拝儀式の見学が目的である。バラナシのもう一つの目玉と言える。日の出と日の入りの両方に立ち合う自分が、いかにも健全な観光客のようで可笑しかった。

期間に限りがあると、旅人は貪欲になる。前回は何日滞在したか覚えていないぐらい長くこの街にいたのだ。どちらがいいとか悪いではないが、短期滞在の方が旅の密度が高くなるのは紛れもない事実だと思う。

ダシャシュワメード・ガートの前は、見物人で足の踏み場もない賑わいだった。銅鑼が鳴り響き、正装した男たちが持ち場につく。数えたら七人いた。ヒンドゥー教の僧侶である彼らは、燭台《しょくだい》の火を掲げながら、母なるガンガーに祈りを捧げる。

厳かな儀式でありながらも、観光客向けのパフォーマンスの側面も大きいからか、僧侶の男たちがこぞってイケメンの若い男たちなのが気になった。不謹慎ながら、禿げたおじさんが行うよりもずっと絵になるという感想だ。七人の中でも、人気にバラツキがあるようで、最もハンサムな男により多くのフラッシュが焚かれる。

儀式は進行するにつれて盛り上がりが徐々に激しさを増していく。クライマックスは圧巻で、僧侶たちが右手に持った燭台から、煙がもうもうと舞い上がり、夜空を灰色に染めていく。呼応するように、音楽隊の演奏にも熱が入り、やがてもう我慢できないといった感じで、観客のおばちゃんたちが前に出てきて舞い踊る。

感化されたのだろうか。さっきまで隣でビデオカメラを回していた韓国人の老夫婦が、踊りの輪に加わって、見よう見まねでステップを踏み始めた。周りのインド人はそれを見て拍手喝采する。

日本人にはできないだろうな――僕は自分のことは棚に上げてそう感じた。ここ最近どこへ行っても、元気なのは韓国人や中国人だ。こうした場面では、日本人的には恥ずかしさが先に立ち、積極的に輪に入る者は少ないだろう。同じ東アジアの隣国ながら、国民性がいかに違うのかを旅先でしばしば痛感させられる。

一通りプージャーを見尽くした後、夜の街を彷徨《さまよ》った。迷路のような旧市街をあてどもなくふらふら歩いて行ったら、そのうち車通りに出た。日も暮れたというのに、喧噪は相変わらずで、四方八方から車やバイク、自転車、リキシャーなどが押し寄せ、気が変になりそうなぐらいピーピーやかましい音を立て通り過ぎていく。

突然、ズボンのポケットの中が振動した。何時間か前にスマートフォンに着信があったようで、画面には留守番電話が入っていると表示されていた。最近は仕事の連絡などもメールが多いし、わざわざ留守電にメッセージを入れるなんて、何か急用だろうか……。気になって再生させてみる――。

「ヨドバシカメラの○○ですが、お預かりしていた時計の修理が完了しましたので、ご連絡差し上げました」

…………拍子抜けした。いきなり現実に引き戻された気分だった。今にも交通事故が発生しそうな暴走族の集会のような目の前の光景とのギャップに僕は動揺した。

ついでにツイッターを開いたら、やたらと沢山のメッセージが届いていてハッとした。例のシンガポールでロケをした番組が放送されたらしい。テレビの力は偉大だなあとは感じたものの、遠く過去の出来事のようで正直ピンとこない。自分が出演した番組はこれまでも一度も観たことがない。今回も当然ながら録画予約すらしていない。そもそも、インドにいては今更どうにもならなかった。

うん、しばらくスマートフォンは切っておこう。僕は唐突にそう閃《ひらめ》いた。考えたら久しぶりのオフラインだが、今向き合いたいのは、電波で繋がった世界ではなく、手を伸ばせばすぐに届くこのリアルな現実の方だった。

夕食からの帰り道、偶然にもバダルに出くわした。やあやあと挨拶をする。ヘッドホンをしていたので、「何を聴いてるの?」と訊ねてみた。

「ヒンディーポップスさ。ビコーズ、アイムフロムインディア」

なぜか英語で答えて嬉しそうに目尻を下げた。意味が良くわからないが、彼なりのギャグなのだろうか。

「お土産買う?」すぐにニホンゴの猫なで声に変わった。

「いらない、いらない」僕は繰り返し断って、その場を後にした。

*

出発の朝、チェックアウトをしていると、宿の親父が訊いてきた。

「この後はどこへ行くんだ?」

「ブッダガヤです」

「あそこは危険だから注意しろ」

眉根を寄せながら、諭すように親父は言った。そういえば、バダルも同じようなことを語っていたっけ。バラナシで言われてもあまり説得力がない気もしたが、有り難くお言葉を胸に刻んでおこう。

「……そういえば、バダルは?」

「今は来てないな。電話しようか?」

「あ、ならいいです。よろしく伝えておいて」

僕はキャリーを引いて逃げるように立ち去った。ゴードリヤー交差点まで出て、リキシャーを拾った。エンジンの付いていない、人力で漕ぐタイプのサイクルリキシャーである。できる限り狡猾《こうかつ》そうに見えない、悪人面していない運転手を選別した。目が合ったのは、若い男だった。リキシャーの運転手にはあまり見えない、利発そうで爽やかな青年――それが第一印象だった。

走り始めると、青年は後ろを振り返りながらしきりに話しかけてきた。どこから来たのか、何歳なのか、結婚はしているのか、子どもはいるのか……など、インドではお決まりの質問が続く。黙りこくっているのも気が引けたので、同じ質問を向けると、男は二七歳で、結婚しているが奥さんはコルカタにいて、子どもはいないと言う。

「去年結婚したばかりなんだ。でもバラナシにガールフレンドができちゃって」

男どうしの気安さからそんな微妙な話をしてくれたのだろうが、語り口からは下卑《げび》な感じはしない。

「妻には毎日電話をかけているけど……女は難しいよな」

そんな、やけに色男な台詞を呟きながら、肩をひょいと竦《すく》めた。

途中で「ちょっと待っててくれ」と言い残し、どこかへいなくなった。五分ぐらいして戻ってきた彼はビニール袋を抱えていて、中にはお米が入っていた。

「近くに安い店があるんだ。最近物価が値上がりしてるから……」

世界的に食糧不足が深刻化しているとニュースで聞いていた。確かインドでも、デリーで大規模なデモがあったはずだ。東京で暮らしている限りはあまり現実味はなかったのだが、こうして目の当たりにすると他人事とは思えなくなってくる。

打ち解けると、運転手は饒舌《じょうぜつ》になった。リキシャーを漕いでいるのを忘れているのではないかと錯覚したほどだ。しょっちゅう後ろを振り返るので、前方不注意で事故らないか僕は気が気でなかった。

「ジャパンはアメリカの次にリッチカントリーで羨ましいよ」

「前はそうだったけど、今は中国に抜かれてしまったよ」

「……でも中国は良くない」

中国に対して良い感情を持っていないインド人は珍しくない。男が敵意をむき出しにして中国批判をし始めたので、僕は話題を変えた。

「ところでこのリキシャーは自分の？」

「借りてるんだ。一日五〇ルピー払ってね」

お米を買うという予期せぬ寄り道はしたものの、何の問題もなく目的地であるバラナシ駅に到着した。乗る際に交渉した一〇〇ルピーを渡すと、男は黙って頷いて受け取った。それまでどんなに友好的でいても、支払いの段になって揉めるのはインドでは良くあることだから、内心ビクビクしていたのだ。ホッとした。彼の話が事実なら、今日はとりあえず最低でも五〇ルピーは稼げた計算になる。

「良い旅を」手を振って見送ってくれた。

バラナシにもいいヤツはいるのだなあと、今更ながら考えを少し改めた。去り際の印象がいいと、また次も来たくなる。

ホームに向かうと、乗る予定の列車がすでに到着していた。切符に書かれた出発時間までまだ三〇分以上はある。インドの列車は時間通りに来ないと認識していたから、意外な展開の連続に面喰らった。

頭の上に果物がたんまり載ったカゴを載せ、売り歩いている女性がウロウロしていた。ミカンやバナナ、ブドウ、マンゴーなど。列車の中の乗客が、窓越しにそれらを買っていた。新たな旅の始まりを予感させる光景だった。

「ハンドポンプ寄付するか？」

列車での移動は旅情をかき立てる。飛行機だと点から点へのワープのようで味気ないが、ぐりっと線をなぞるようにして陸地を進むのは旅人の血が騒ぐ。

僕は東へ進んでいた。車窓には、何もない乾いた大地が流れていく。インドという国の広大さを想像させる、だだっぴろい大地だ。

かつては困難を極めたインド国鉄の切符の確保も、今ではネット上でオンラインで手配できるようになった。とはいえ、車両自体には何ら変化が見られない。日本で乗り慣れているハイテクの粋を凝らした列車と比べたら、いつ脱線してもおかしくないような、古びた車両である。

二等寝台車だった。一つのコンパートメントには向き合うようにして座席兼ベッドが縦に三段ずつ。加えて通路側にも座席があって、エアコンのない薄暗い車内で乗客たちは身を寄せ合っている。寝台車とはいえ、まだ日中なので、ゴロンと横になる雰囲気ではない。バラナシ駅は始発ではなかった。僕が乗り込む前にコンパートメントにはすでに四人ほど座っていて、五人目の乗客である僕は、自然と最も通路側にちょこんと腰掛ける形になった。

駅に停車する度に、車内には物売りが乗ってくる。ちらりと目線を送り覗き見るが、特に買う気はない。

「列車の中で出てくるものは何も食べない方がいい。飲み物も口をつけちゃ駄目だ」

駅へ来るのに乗ったリキシャーの運転手にこう忠告されてもいた。

物売りはともかく、物乞いに対処するには心を鬼にしなければならず気が咎《とが》める。小さな女の子が赤ん坊を抱いて、無言で手を差し出してくる。少しぐらいあげようかとも考えたが、他の乗客たちは基本的に無視を決め込んでいたし、一人にあげると際限がなくなりそうだったので、僕は目を背《そむ》けることしかできなかった。

目的地までの四時間という距離は、ちょっと長めの映画を観ているような感覚だった。これが夜行列車になると、また感想も変わってくるんだろうなあと空想した。

途中何にもない場所でなぜか二〇分ぐらい停車したりと、相変わらず不可思議なインド列車の旅だったが、僕は持ち込んだペットボトルの水以外には一切口をつけず、ボーッと窓の外を眺めているだけで、無事にガヤ駅に到着した。終着駅でないから、乗り過ごさないかはらはらして、駅に着く度に注意深く看板をチェックしていたが、周りの乗客がここがガヤ駅だよと教えてくれたので杞憂に終わった。


ガヤ駅のホームに降り立つと、一体どこから湧いてきたんだろうというぐらいに、外国人旅行者がワラワラといて面喰らった。僕が乗っていた車両では外国人の姿はてんで見かけなかったのだ。ブッダガヤへ行くには、このガヤ駅が最寄りになる。同じようにバラナシから訪れたバックパッカーも少なくないのだろうか。

駅を出ると、次々に声がかかった。オートリキシャーの客引きだ。外国人旅行者はほぼ全員ブッダガヤへ向かうようで、旅行者どうしシェアをしないかと声を掛け合っているようだった。パッと観察した限り、客の数よりもリキシャーの方が多く、客引きの表情にも切羽詰まったものがある。期せずして争奪戦の様相を呈してきた。

「いくら？」と、最初に目が合った男に訊いてみると、

「一人なら二〇〇ルピーだ」と答えた。状況的に売り手市場だと判断した僕は、「ならいいや」といった雰囲気で踵《きびす》を返し、他の客引きを当たろうとする――。

「待って！　一五〇ルピーでいいよ」

　いきなり五〇ルピーも下げてきた。粘ればもっと安くなりそうな手応えはあったが、長々とここで足止めを食らうのも時間が勿体ないので、僕は一五〇で手を打った。

　荷物を隙間に詰め込み、後部座席に収まった。しかし、運転手はなかなか発車しようとしない。それどころか、他の外国人旅行者に声をかけ続けている。

「あと二人、乗せてもいいか？」そう言って、僕の目を覗き見た。

　話が違うじゃん、と反論するのも馬鹿らしい気がした。

「……いいよ」

　仕方なく同意したのが運の尽きだった。運転手は二人と言っていたくせに、なぜか四人も乗ってきたのだ。それも全員、若い白人女性だった。たぶん、僕よりも一〇歳以上は若い。やった、ハーレム状態だ！　などと舞い上がる年頃でもない。むしろ、一人だけ東洋人の男（しかも中年……）という状況に居心地の悪さが募った。

　オートリキシャーが走り始めると、四人の女性はお互い自己紹介をし始めた。どうやら、彼女たちも今知り合ったばかりのようだ。イギリス人とドイツ人に、フランス人が二人。

インドはどれぐらい？　私は今二ヶ月、私は一ヶ月よ、とまるで女子校のようなノリでケラケラ笑って盛り上がっている。

一応建前上だけでも僕にも水を向けてくるかな、と内心ドキドキしながら耳をそばだてていたのだが、ちっぽけな期待は裏切られた。定員数以上乗っているから、隣の女性などは体が密着するほどに至近距離にいるというのに、こちらに目を合わせようともしないのだ。僕は完全に蚊帳《かや》の外に置かれる形になった。自分が空気になったようで、ザラザラとした不快感が込み上げてくる。

ならばこっちはこっちで無視していようと思うも、彼女たちの会話は基本的に全て英語のため、聞きたくもないのに話の内容が耳を通り抜けていく。

「いくらで乗ったの？」ドイツ人の女性が訊くと、

「一〇〇ルピーよ」と他の三人は口を揃えた。

なんだって！　僕は一五〇ルピーも払うのだ。動揺を悟られぬようにけろりとした顔をかろうじて保ちながらも、歯をガチガチ言わせて悔しさを堪えた。

三〇分も走っただろうか。赤茶けた大地と、ところどころ未舗装の道に変わり、やがてブッダガヤの街に到着した。想像していた以上に第一印象は田舎だ。目抜き通りに出たところで、四人の女性たちが先に降りた。もちろん、僕に挨拶などは一切ない。

「降りなくていいの？」

運転手に声をかけると、ホテルまで連れて行くと言う。怪しげなホテルに連れて行かれたらたまったものではないので、僕は『地球の歩き方』を開いて値段的に適当な宿をピックアップし、ここへ連れて行ってくれと頼んだ。

果たしてやってきたのは、至って普通のゲストハウスだった。オートリキシャーは、お金を受け取ると、そそくさとどこかへ行ってしまった。

——彼女たちは一〇〇ルピーみたいだけど？　そう嫌みを言おうかとも考えたが、揉め事は嫌だし、後味が悪くなりそうなので、黙って一五〇ルピーを支払った。

ところが、ここで問題が発生した。ゲストハウスの中へ入ると、部屋は満室だと断られてしまったのだ。しまった……オートリキシャーに待っていてもらえば良かった。

さて、どうしようか——。

旅をしていると、世界中の至る所で感じることの一つに、「なるようになる」という考え方がある。インドだと「カルマ」という言い方もよく知られる。底の深い哲学的な話でもあり、限られた文字数で本質を語るには無理があることは承知しているが、限りなく簡潔に言えば「運命」ともしばしば訳される。

なるようにしかならない、と後ろ向きな思考ではない。

なるようになる、だ。

僕自身は、これを「焦りは禁物」という平易な言葉で都合良く解釈している。どんなに修羅場に陥ろうとも、最終的にはなるようになる。

実際、何とかなってきた。

この時の出会いは、まさしくカルマに導かれた運命的なものだったと思う。

部屋がないと言われ、途方に暮れ始めた時分だった。

「どうしたの？」

突然誰かに呼び止められた。声がした方向を振り向くと、バイクにまたがった小太りの男と目が合った。

「部屋を探しているなら、いいところ知ってるけど」

……ニホンゴだ。値踏みするように男を観察する。前髪はやや後退気味で、四〇代ぐらいの親父にも見えるが、目はクリッとしていて童顔で、年齢不詳だ。

僕はしばし逡巡した。ついていくべきか、否か——。

ニホンゴで話しかけられるパターンでは、疑いの目で接するのがセオリーだ。しかもここはインド。悪名高いバラナシの人間に、あそこは危険だから注意しろと何度も警告を受けてきたブッダガヤである。初めて訪れる街、そして着いたばかりだ。

結果的に、僕は彼についていった。

何の根拠もないし、ほとんど直感でしかないのだけれど、彼についていくべきだろうと、不自然なほどに自然とそう思えた。

旅は選択の連続だ。判断を下すのは、他でもない旅人自身なのである。最終的に頼りになるのは、己の直感でしかない。運命の分かれ道は予告なしに突然やってくる。この些細な選択が、僕のブッダガヤの旅を大きく左右することになった。

運転席の男とカバンを挟むようにして、僕はバイクの後ろにまたがった。

名前は？　と訊かれたので、トモと答える。トモカズは長くて覚えてもらいにくいので、外国ではいつもトモで通している。君は？　と返すと、

「ラム。ラムさんです」と自分で「さん」を付けて、おどけて見せた。

バイクは目抜き通りを一〇〇メートルぐらい経由して、また路地に入った。土地勘はないけれど、街の中心からどんどん離れていることはわかった。できれば立地の良い場所の方が好みなのだが……。

そのうち、巨大な大仏が左前方に現れた。灰色一色の懐かしい佇まいの大仏。

「あれは日本寺ね」ラムさんが説明してくれた。

ここブッダガヤは、釈迦が悟りを開いた場所だ。世界の仏教徒にとって最大の聖地であり、各国の僧院が甍《いらか》を争っている。

そうか、日本のお寺まであるんだ――。感慨深い思いでいたら、やがて道は未舗装路に変わった。周りには田んぼしかない。乾季の今は、稲穂の片鱗も見られず、乾ききった地面はあちこちひび割れが目立つ。

こんな辺鄙《へんぴ》なところに宿なんてあるのだろうか？　不安の二文字がとぐろを巻いて頭の中を占有し始めた頃、一軒の平屋がポツンと建っているのが見えた。

KANAKO INTERNARIONAL――看板にそう書いてあった。KANAKOって、カナコ？

「カナコさんは日本人ね。旦那さんがここのオーナー」

僕の疑問を先回りするようにラムさんが種を明かした。インド人の男性と日本人の女性が経営するゲストハウスなのだそうだ。

中を見せてもらって、僕は感嘆した。超が付くほどに綺麗なのだ。ここがインドの田舎だとは到底思えない清潔さだ。まだオープンしたばかりだと言う。塗り立てのペンキの匂いが鼻をついた。部屋の設備も最新のもので、レベル的にはゲストハウスというよりはホテル並みの豪華さがある。当然のようにエアコン付きだ。

それでいて、一泊なんと七〇〇ルピーだと言う。探せば一〇〇ルピーや二〇〇ルピー程度で泊まれる宿もあるだろう。けれど、クオリティを考えると、この部屋で七〇〇ルピーはお値打ちだと思った。まだできたばかりで客が来ないからか、料金を下げているのだと宿のスタッフが語った。立地の悪さにさえ目をつむれば、何の不満もない。安宿の堅いベッドを覚悟していたぐらいだから、自宅にあるのよりもふかふかなベッドにも心を奪われた。

僕はこの宿に泊まることに決めた。偶然巡り合えた宿にしては上出来だ。自分の旅のツキもまだ捨てた物じゃないようだ。

「どうする？」

チェックインを済ませると、ラムさんが顎を擦《さす》りながら言った。

「どうするって？」

「いろいろ案内するよ。明日は村にも連れて行く」

売り込みというわけだ。中心部だけならともかく、ブッダガヤの見所は点在している。バラナシのように、ぶらぶら散歩して回れそうな雰囲気でもないので、足を確保するのは悪くない選択に思えた。それに、この男にも興味が湧いてきていた。

「……いくら？」

「今日と明日で一〇〇〇ルピーでどう？」

決して安くはないが、高すぎる金額でもない。

「ガソリン代は込み？」

念のため確認したら、それでいいと言うので、僕は同意した。

すでに日没の時間が迫っていたので、この日はとりあえずマハーボディー寺院に行ってみることになった。漢字名で「大菩提寺」と書く、ブッダガヤのシンボルだ。ライトアップが綺麗なのだとラムさんが得意げに教えてくれる。

寺院の前は小さな広場になっていて、囲むようにカフェや土産物屋が並んでいた。

「まずはチャイを飲む」

そう言って、ラムさんは一軒のカフェからチャイを二つ持ってきて、広場の縁石に腰掛けた。寺院を観光する気満々でいた僕は、意外な展開に戸惑いながらラムさんからチャイを受け取った。すっかり彼のペースで物事が運び始めていた。

遠くに男が手を振っているのが見えた。誰だろう？　ラムさんが手を振り返したら、男はこちらにやってきて、やあやあという感じでラムさんと挨拶を交わしている。

「ええと……ニホンゴ、なんて言う？」ラムさんが頭を搔いた。

「イトコ」隣の男が答えた。二人の関係を説明しようとしたのだろう。

突然現れたラムさんの従兄弟を名乗る男は、ラムさん以上に日本語が堪能だった。それは最早ニホンゴではなく日本語で、聞くと東京の吉祥寺に住んでいたのだそうだ。しかしそのルックスは怪しいとしか形容できないほどに、胡散臭かった。髪の毛を染めていて、腕には金のブレスレットという、どう見ても遊び人風だ。

「仕事は何をしているのか？」と訊かれたので、

「本を書いているんだ」と正直に答えたら、日本に作家の友だちがいると説明し始め、その作家の彼はモリタという名前だと訊いてもいないのにべらべら喋った。

いつの間にかラムさんはいなくなっていて、従兄弟の男とサシで日本語で会話していた。このままだと、何か良からぬ方向に進みそうな危機感を覚えた僕は、「そろそろ寺院を見てくるよ」と告げた。追いかけてきて俺がガイドしようかなどと言いかねない雰囲気だったが、足早に立ち去ったので向こうも諦めたようだ。

寺院の入口まで来ると、ラムさんが遠くから手を振ってやってきた。

「どこに行ってたの？」

「……トイレ」

本当だろうか。まあ、いいや。

「いつまで見る？」と訊かれたので、七時にさっきのチャイ屋の前で待ち合わせることにして僕は寺院に入った。

巨大な仏塔が、光に照らされて暗闇にその姿を露わにしていた。僕は三脚を立て、レリーズを使って長時間露光しながら写真を何枚も撮った。

タイやラオスのお寺もそうだが、仏教施設は他の宗教と比べより身近に感じられるのは不思議だ。ガンガーで一心不乱に祈りを捧げるヒンドゥー教徒を目にしたばかりだったから、のんびりとしたマハーボディー寺院の空気にほんのり癒やされた。ストイックな聖地も刺激的だが、騒がしいインドだからこそ、適度な静寂にありがたみを感じる。

七時きっかりにチャイ屋の前へ戻ると、ラムさんが若い男と談笑していた。友だちだという。名前を尋ねたら、グッドゥだと自己紹介した。グッドゥ？　発音が難しくて、何度か確認してしまった。ニホンゴは喋れないらしく、英語で話した。

懸案事項は夕食をどうするか、だった。差し当たってアテもないので、ラムさんにおまかせすることにした。

「酒飲むか？」

飲むだろう？　といった顔をしながらラムさんが訊いてきた。

酒か——。デリーでチュンくんと日本食レストランへ行って以来、一度もアルコールを口にしていなかった。それは僕にとって、ある意味一つの快挙だった。普段日本では休肝日とは無縁の日々を送っている人間だ。つまり、本来は酒飲みなのである。

飲むか？　と言われたら、飲むと答えるに決まっていた。

でも、ここはインドである。お酒に関してはあまり優しい国ではない。飲めるところが全くない訳ではないが、外国人向けのレストランなどを除けば、積極的に探そうとしないと案外出合えない。バラナシではお酒を置いている店は見かけなかった。

「ビールか？」と問われて、「うん」と答えたら、八〇ルピーだと言う。

レストランには置いてないので、どこかで買ってくるらしい。いけないものを裏取引しているみたいで、眉間に皺が寄った。一〇〇ルピー札を差し出すと、ラムさんはそれを隣のグッドゥに渡した。買いに行く係は彼のようだ。さながら、使いっ走りといった感じだが、グッドゥも特に不満そうな顔はしない。

バイクに乗って、先に二人でレストランへ向かった。Sakura Restaurant という日本語的な名前のレストランへやってくると、またしてもラムさんの知り合いらしき人物が現れて、やあやあと挨拶し始めた。しかしまあ、登場人物の多い街だこと。

「彼はティップさん。カナコのオーナーね」

なんと泊まっている宿の主人だった。ティップさんは、年の頃は僕と同じぐらいだろうか。少しメタボ気味だが、若い頃は美少年だったであろう面影が垣間見える。語り口は軽やかで、当然ながら日本語は日本人と話しているみたいにペラペラだ。

「あの宿いいでしょ？　本当は二八〇〇ルピーなんだよ」

そう言って、ティップさんは僕の肩に手を乗せた。奥さんであるカナコさんは今は日本に帰省していて、間もなく帰ってくるんだと語った。

レストランへ入り、チキンカレーとバターナンを頼んだ。ラムさんがチキンモモが美味しいんだと力説するので、チキンばかりになるけれどそれも追加した。

やがてグッドゥが店に入ってきて、テーブルの下からコッソリとボトルを差し出す。ビールと、あと小瓶ながらウイスキーもあった。ラムさんは目を細め嬉しそうな顔をしている。この男、どうやら酒好きなのだとこの時初めて気がついた。

ビールは冷え冷えでないのは残念だが、贅沢は言っていられない。ラムさんは店の奥から勝手にコップを持ってきた。注ぎ終わると、ボトルはまたテーブルの下に隠した。三人で乾杯したら、あっという間になくなって、すぐにウイスキーの出番になる。こうなると、カレーやモモが出てきても、ご飯を食べるというよりはつまみ状態で、マッタリ酒盛りの時間に変わる。

打ち解けてくるにつれ、ラムさんは遠慮がなくなってきた。お金を出したのは僕なのだが、がぶがぶウイスキーの杯を空けていく。あっという間に瓶は空になった。

「もう一本飲むか？　俺五〇出す」ラムさんは目をトロンとさせていた。

ウイスキーは二〇〇ルピーらしく、残りの一五〇を僕が出せば、またグッドゥが買ってくるのだそうだ。随分と調子の良いことを言うのである。けれど、僕も点火した熱を冷ませる理性はすでになくなっていた。酒飲みとはそういうものである。

「これで最後だよ」と財布を開いた。話していてわかったのは、このグッドゥという青年は二四歳でまだ学生らしい。言いなりになってパシられているところからして、実質的にラムさんの舎弟のような存在なのだろう。

驚いたのはラムさんで、彼はなんと三二歳だった。年齢不詳ながら、少なくとも年上だろうと思い込んでいたので、禿げ上がったおでこを見る目が変わった。妻帯者で、子どもは四人もいるが、奥さんと子どもは田舎へ帰っていて、ブッダガヤでは一人暮らしなのだという。酒が入ると身の上話になるのは、世界共通のようだ。

二本目のウイスキーが空になった頃には、三人ともすっかりへべれけになっていた。見るとラムさんはナンを左手でちぎっている……。インドでは左手は不浄とされ、食事は右手のみを使うのだ。酔っ払いすぎである。呂律《ろれつ》も回っていなかった。

「この前、に、にほんじん、カメラ……シュッ」

僕が二人の写真を撮っていると、ラムさんが大げさな手振りを交え単語を並べた。シュッとカメラを盗られたという意味らしい。気を付けよう、そうしよう。

レストランのお代二二〇ルピーも成り行きで僕が持つ形になった。タカリに遭った気分だが、喜色を浮かべるラムさんを見ていると、どうでも良くなった。

フラフラになりながらも、ラムさんは帰りも当然のようにバイクのハンドルを握った。田んぼの未舗装路をかっ飛ばしていく。僕は後ろに乗りながら、「安全運転でね」としきりに窘《たしな》めたが、ラムさんは鼻歌をうたいながら「問題ない!」と大声で繰り返す。空を見上げると、星屑が銀河から零れ落ちてきそうだった。

*

深酒しながらも、翌朝は七時半に目が覚めた。シャワーを浴びて、地下のレストランで朝食を食べたりしているうちに、ラムさんとの待ち合わせ時間である八時半になった。昨晩あんなに飲んだから、本当に来れるのか心配したが、ラムさんは何事もなかったようにバイクに乗って登場した。ただし、朝ご飯がまだだったようで、食べてきていいか? と会うなりいきなり我が儘を言い出した。

どこで覚えたのか、「アサメシ」というニホンゴでアピールする。その間に僕はお寺をいくつか見て回ることにした。日本寺を見た後、近くのチベット寺へ入ろうとすると、ラムさんがもうアサメシから戻ってきた。

「チャイ飲もう」

マイペースな男なのだ。この日は近郊の村を訪れる予定だったが、なかなか出発できないでいた。目抜き通りへ出てすぐのところに、極彩色のタイ寺院があって、目立つのでなんとなく目印的な存在になっているのだが、その前でラムさんはバイクを止めた。路肩にチャイの屋台が出ている。あれ、見たことのある男がいる——。

宿の主人、ティップさんだった。他のスタッフも交え話に花を咲かせている。

「おはよう。よく眠れた？」

僕の存在を認識すると、ティップさんはチャイ屋の主人に目配せする。すぐにチャイが出てきた。どうやらここは、彼らの溜まり場になっているようだ。ラムさんは、別の旅行者を輸送してくると言って、どこかへ消えた。自然と、ティップさんと二人で会話する形になる。成り行き任せの旅になってきていた。

ティップさんは話してみると、やり手ビジネスマンのようだった。

「インドは景気がいいよ。今は年利九・五パーセントだからね。日本だと一千万預けても一万円も増えないでしょう。意味ないよね」

スラスラと日本語でこう語る三〇歳インド人。奥さんであるカナコさんとは、ツアーのガイドをしていて知り合い、もう一〇年になるという。インドの片田舎では、成功者の部類に入るのだろうか。羽振りの良さが全身から漂っていた。

「土地はバブルでね。友だちのところなんか、半年で倍になったよ。それはラッキーな例だけど、五年も待てばたいがい倍になるね。一緒になんかやろうよ」

会ったばかりだということを忘れているのではないかと思えるほど、気楽に商談を持ちかけてくる。ガイドはもう卒業して、今は実業家を気取っているらしい。

「日本はどこに住んでるの？　えっ、東京かあ。お金持ちだね」

いやいや、君の方が……という反論を呑み込んだ。

僕がこの後はコルカタへ行くと言うと、

「コルカタなんてやめてさあ、一緒にどこか遊びに行こうぜ。そうだ、ダージリンがいいな。あそこは極楽だよ。二泊三日ぐらいで、どう？」と目を輝かす。言葉遣いがさばけたものに変わっていた。ダージリンもいいな、と僕は正直思ったが、チュンくんとブータンへ行く約束もあった。

「……今回は遠慮しておくよ。楽しそうだけどね」

「そうかい。残念だな。次来たら絶対行こう。ジャイナ教のお寺とかもオススメだよ。知ってる？　ジャイナ教。裸なんだぜ」

ティップさんは、あまり残念がってもいなさそうな口調で言った。

もし一緒にダージリンへ行ったら、どんな展開が待ち受けているのだろうか。奇想天外な冒険に大興奮できるかもしれない。一方で、何かしらのトラブルが生じる懸念が拭《ぬぐ》えないのも正直なところだった。

バラナシ、ブッダガヤとインドの中でもとびきり濃いエリアを旅してきて、なんとなくわかってきたことがある。それは、外国人に声をかけてくるインド人は、多くは悪気はないのだろうということ。結果的に騙す形になり、騙された側からすると悪党のレッテルを貼る以外に落としどころがなくなるのだが、当のインド人からすると、別に騙したという自覚はなさそうなのだ。仮に不当にお金を巻き上げられたとしても、その局面に至るまでのストーリー次第では、彼らにとっては単なるベストプライスにすぎない。

別にインド人の肩を持つわけではない。本当にどうしようもないぐらいに腐った者も中にはいるだろう。けれど、これほど憎めないキャラクター性を備えた民族も珍しいのではないかとも思うのだ。

物事をポジティブに捉えると、愉快な気持ちで旅できるのがインドだった。

やがて、二台のバイクが二人の若い日本人女性を連れてやってきた。同じ宿に泊まっている旅行者だとティップさんが小声で説明する。バイクを運転していたのはインド人の若い男たちで、髪の毛をビシッと決め、サングラスをかけている。僕の偏見かもしれないが、いわゆるジゴロのようにも見えた。雰囲気からするに、ティップさんの舎弟なのだろう。外国人と結婚して財を築いたティップさんは、地元のガイドの男たちにとっては、ある意味憧れの存在なのかもしれない。つい邪推してしまう。

ラムさんが戻ってきたので、ようやく村に出発した。ブッダガヤの街を出ると、途端に何もない荒野に変わる。まだ午前中だというのに、陽射しは強烈で、乾燥した気候に唇がかさかさになる。三〇分も走らないうちに宿場町のような所に到着した。

「休憩しよう」と言って、ラムさんは近くの屋台からミカンジュースをテイクアウトしてきた。休憩してばかりでちっとも先に進まないが、僕はもうどうにでもなれ、と投げやりな気持ちでミカンジュースをチューチュー啜《すす》った。

再び走り始めると、ラムさんはハンドルを握りながら、道路にペッペッと赤いものをしきりに吐き出していた。嚙み煙草なのだろう。僕にも勧めてきたが、嚙み煙草は苦いだけであまり好きではないので断った。

周囲には田んぼが広がっていた。田んぼしかなかった。幹線道路から外れて小さな道に入ると、対向車もいなくなった。見渡す限りの地平線をタンデム走行する——。

「きもちぃぃー」ラムさんがニホンゴで叫んだ。その言い方が妙に愛嬌があって、僕はプッと噴き出しそうになった。

小高い山の上のお寺を観光した後、山裾《やますそ》に点在する村を通過した。

「ビンボーな村」ラムさんが説明する。

土壁の貧相な民家の前で、真っ裸の子どもたちが手を振っていた。お母さんと思しき女性が、険しい顔をしてこちらをじっと見つめていた。ブッダガヤのあるビハール州は、インドの中でも特に貧しい州なのだそうだ。目の前の光景が、そのことを裏付けていた。インドは格差の大きな国だ。暢気《のんき》な旅行者としては、普段は目を背けがちな矛盾を見せつけられ、狼狽してしまう。

「ハンドポンプ寄付するか？」ラムさんが目尻を吊り上げた。

「ハンドポンプ？　井戸ってこと？」

「そう、七〇〇〇ルピーぐらいだけど」

「……ごめん。寄付はしない」僕は俯《うつむ》くばかりだった。

河の手前でバイクを降り、歩いて渡った。といっても大地は干からびており、ラムさんに教えてもらうまでは、ここが雨季には河になるのだとは想像もつかなかった。川幅はかなり広い。優に二〇〇メートルはあるだろうか。河の中央まで来ると、三六〇度一面の茫々《ぼうぼう》とした荒野に変わった。太陽光線が肌をじりじりと焼く。砂が堆積している地面を踏みしめて歩いたら、黒色の靴が茶色に染まった。

旅人に年齢制限なし

Delhi
Varanasi
Buddha Gaya
Kolkata

ラムさんが本性を見せ始めたのは、ブッダガヤに戻ってきてからだった。マハーボディー寺院の近くに自分の店があるから、ぜひ見ていってくれと懇願された。

彼の粘り強さに根負けし、「見るだけだよ。何も買わないよ」と僕は何度も断りを入れつつ、その店の門を叩いた。

ガラスケースの中に、腕輪やネックレスなどのアクセサリーがぎっしり飾られ、その後方の棚には仏像が陳列されていた。典型的な土産物屋である。自分の店なんだと紹介されたが、怪しいものだった。ラムさんが一人で経営しているとは思えない。

椅子に腰掛けると、ラムさんは隣のカフェから勝手にスプライトを持ってきて、「アツイアツイ」と手で団扇のように扇《あお》ぎながら、僕に勧めた。普段なら警戒しまくりのシチュエーションだが、今更睡眠薬を盛られることもないだろうと意を決し、口をつけて人心地ついた。

「さあ、見て見て。安くするから」ラムさんの売り込みが始まった。

乗りかかった舟と諦め、一通り物色するそぶりを取る。気になったのは菩提樹《ぼだいじゅ》の腕輪ぐらいしかなかったが、値段を訊くとラムさんは四五〇ルピーだと胸を張った。

「……高すぎるよ」

「三つ買うなら……これでいいよ」電卓を弾いて僕に見せる。

――一二〇〇と表示されていた。

到底買う気にはなれなかった。一泊七〇〇ルピーの宿に泊まっているぐらいなのだ。それに三つも要らない。とはいえ、無下にあしらうのも心苦しい気はした。

「一つだけでいい。三〇〇なら買うよ」

「三〇〇？　ムリムリ。絶対ムリ。それだと利益が五〇しか出ないよ」

「じゃあいらない。絶対いらない」

「……三つならいくらで買う？」

「……五〇〇かな」

「一つ三〇〇なのに三つで五〇〇だって！」ラムさんはゲラゲラ爆笑しながら、あり得ないという顔を浮かべ、「一つで四〇〇でいいよ」と続けた。

「いらない。やっぱり三〇〇でもいらない」

僕も意地になってきていた。断固として買わないと意思表示すると、ラムさんは腕輪をガラスケースにしまった。アッサリと引き下がったので拍子抜けした。

疲れたので昼寝すると言うラムさんを残し、僕は一人で徒歩圏内のお寺を見て回った。中でもマハーボディー寺院は圧巻だった。昨晩ライトアップも見ていたが、昼はまた趣が違う。高さ五二メートルの巨大な仏塔の背後に回ると、一本の大きな木が聳《そび》え立っており、木に向かってお坊さんが一心不乱に祈りを捧げていた。この菩提樹がある場所こそ、釈迦が悟りを開いた地とされているのだ。

風がたなびくと、木の上からひらひらと葉っぱが落ちてくる。その落ち葉を拾い集めているお坊さんも見かけた。僕も真似して一枚だけ葉っぱを拾い、折れ曲がらないように『地球の歩き方』の間に挟んだ。

待ち合わせした時間にラムさんに会いに行くと、ガソリン代がないから先にガイド料を払って欲しいと言われた。約束通り一〇〇〇ルピーを手渡すと、

「もう少しちょうだい」と臆面もなく要求する。

「……だめだよ。チップは昨日の酒代ね」

酒という言葉にラムさんは驚異的な反応を示した。

「これからどうする？　酒飲みに行くか？」目をキラキラさせている。時計をちらりと見遣ると、まだ昼の二時を過ぎたところだ。こんなに真っ昼間から？

「……そうだ！　グッドゥの家に行こう。酒飲んでテレビ見る。ラムさんが美味しいマトンカレーをご馳走する」自分の思いつきにラムさんは興奮していた。

グッドゥの家か――。正直そこまで酒を飲みたいわけではないが、現地の若者のお宅を覗けるのは興味深かった。「美味しいよ」とラムさんが繰り返すマトンカレーも食べてみたい。市場まで肉を買いに行って作るんだと、最早決定事項のようにラムさんは補足した。

ブッダガヤの街中からバイクで一〇分の距離にグッドゥの家はあった。平屋造りの建物は、壁がところどころ朽ち果てていて、第一印象は廃墟のように見えた。勝手知ったる感じで中へ入っていくラムさんの後に続いた。電気は付いておらず、窓がないため、隙間から入る外光の明かりだけが頼りという薄暗い空間に怖気《おぞけ》が走った。

一番奥の部屋のドアをラムさんがノックする――返事はない。

外出中のようだった。ラムさんはちっと舌打ちして、不機嫌そうに携帯で電話をかけ始めた。来る前に一本連絡入れれば良かったのに……。

いったん外へ出て、煙草を吹かしながら待っていると、グッドゥがバイクに乗って帰ってきた。後部座席には日本人の若者が乗っていた。同じ宿に泊まっているらしいが、訳もわからずここに連れてこられたようで戸惑っていた。

四人で改めてグッドゥの部屋に入った。六畳程度の狭い部屋にシングルサイズのベッドとテレビのみ。床も壁もコンクリートの打ちっ放しで、無機質な部屋だった。小さな出窓に物を置くスペースがあって、鏡と整髪料が置いてあるのが生活感を唯一漂わせている。
ラムさんは部屋に入るなり靴を脱いで、ベッドにゴロンとして出っ張ったお腹を掻いた。
グッドゥは床の上で小さくなっている。誰の部屋なのかわからない光景だ。

「これってどういう……？」

日本人の若者が目をパチクリさせていたので、僕が掻《か》い摘《つま》んで説明した。

「マトンカレーを作るんだ。マトン代払えるか？」

横からラムさんが口を挟んだ。マトン代？　ご馳走してくれるのではなかったの？
きょとんとしていたら、いいから黙ってろといった感じでラムさんは目配せする。

「……じゃあ、五〇出します」日本人の彼が言った。

「ダメダメ。五〇じゃマトンは買えないよ」ラムさんが強硬に抗弁する。

交渉は決裂した。日本人の彼は恐れをなしたのか、帰ると言い始めた。ラムさんは特に引き留めようともしない。グッドゥがバイクで送ってくるというので、帰りに買ってきてもらうのに酒代を預けた。

「マトンは三五〇、ガラムマサラは二〇〇はするんだ」

日本人の若者とグッドゥがいなくなると、ラムさんは僕に愚痴り始めた。

「そんなにするの？　お金ないよ」

「大丈夫。ラムさんがご馳走する」

どうやら、僕からは金を取る気はないらしい。日本人の男には悪い気がしたが、ひとまずホッとしたのが正直なところだった。

グッドゥは昨晩同様、ビールとウイスキーを仕入れてきた。つまみに魚のフライまで用意するなど、なかなか気の利いた青年だった。

二日連続で、同じメンツでの酒宴が始まった。

クイッと飲み干すと、ラムさんやグッドゥが間髪入れずに注いでくれる。僕も負けじと注ぎ返す。インドで献酬することになろうとは――。

ラムさんはベッドの上からグッドゥにテレビをつけるよう指示を出した。上から目線の物言いにもめげないのは、この青年の鷹揚な性格のなせる業なのだろう。ラムさんとは正反対の、丸っこいグッドゥの人柄にも僕は好印象を持ち始めていた。彼ら二人は親戚のような付き合いだということもわかった。親族どうしの関係性を大事にするのは、いかにもインド人的である。

テレビではクリケットの試合が流れていた。クリケットが大好きなのも、典型的なインド人的気質である。ラムさんもグッドゥも画面に釘付けで、選手がミスをしようものなら、「ベリーイージー！」とかなんとか言って、悪態をついている。日本の居酒屋でおじさんたちがプロ野球を酒の肴にしているような感覚なのだ。

ただし、時折停電に見舞われ、いいところでテレビが消えたりするところも、まさしくインド的で、映像が途切れる度にラムさんはベッドを叩いて憤《いきどお》っていた。

マトンカレーを準備するのに時間がかかると言うので、僕はいったんホテルに戻って休むことにした。朝早くから動き回ったうえ、昼間からアルコールが入り、だいぶ朦朧としてきていた。

「もうちょっと飲みたい」とラムさんにしつこく誘われたが、

「続きは夜ね。マトンカレー食べながら」と僕はキッパリ言った。この男の扱い方もそろそろわかってきた。

約束の六時半きっかりに、部屋をノックされた。ムスッとしているが、一刻も早く酒が飲みたいとラムさんの顔には書いてあった。

再びグッドゥの家を訪れると、引き続きクリケットが流れたままだった。酒を買いに行くと言うので、またしても僕がスポンサーになった。いつの間にか金づる状態である。いや、酒づるとでも言うべきか。とはいえ、これまでのぶん全部合わせても一〇〇〇円ぐらいなので、自分自身も楽しんでいることを考えると諦めはつく。他はともかく、酒代をケチるのには抵抗があった。日本で飲む時もそうだが、酒宴でケチケチするような野暮な男はあまり好きではない。

今度は最初からウイスキーである。安酒であることを忘れてぐいぐい飲んだ。

そうこうしているうちに、お待ちかねのカレーの登場だ。なぜかサリー姿の女性がお盆に載ったカレーを運んできた。てっきりラムさんたちが料理するのかと思っていたが、よく考えたらここはインドだった。カースト制度の名残で役割分担はハッキリしている。ご馳走すると言いつつも、作るのは自分たちではないのだ。

チャパティをちぎってカレーに浸す——美味しかった。

けれど食べ始めて、アレッ？　と疑問が生じた。

「マトンが手に入らなくて……」ラムさんが申し訳なさそうに肩を揺すった。

——チキンカレーだった。

食事というよりは、酒のつまみといった感じで、ダラダラとカレーを戴いた。テレビでやっているクリケットの試合はインド対アイルランド戦で、僕も自然とインドを応援した。クリケットなんて謎のスポーツだったが、ずっと見ていると、そのうちおぼろげながらルールがわかってくる。ゴロだと四点、フライは六点入るらしい。

ラムさんは鼻歌を口ずさんでいた。グッドゥは僕があげた煙草を吹かしながら、「今度来る時はここに泊まっていきなよ」と言って目を赤くしている。

宴もたけなわとなり、いよいよホテルに帰る段になって、僕は少し身構えていた。カレー代を請求されないだろうか——心のどこかで数パーセントだけまだ疑いの気持ちが残っていた。

しかし、最後までお金をくれとは彼らは言わなかった。油断はならないものの、一度打ち解けると、案外友誼《ゆうぎ》に厚いのだと知る。僕はインドのことを少し見直した。まあ、酒代は僕が出しているのだが……。

今日も壮絶な夜空が広がっていた。陶然と酔いしれながら、星がチカチカ瞬くのを、首が痛くなるまで見上げる。遮るものは何もなく、魚眼レンズで切り撮ったような広々とした空は、自分が地球にいるんだという事実をまじまじと感じさせた。

「イイネェー！」

田んぼ道を走りながら、ラムさんは怪しいニホンゴで気勢を上げる。酔っ払いすぎのこの男は、なんと道を間違えた。間違えるような複雑な街ではないのに。

「もうちょっと飲む？」

「えぇー、もういいよ。もう飲めない」

しつこく食い下がるラムさんを宥《なだ》めながら、家路、いや宿路についた。宿に入る手前でラムさんは最後のお願いといった感じで「やっぱり飲もう」と懇願してくる。この酒への執着心は最早尊敬すべきレベルだ。でも、もう本当に飲めない。申し訳ないけれど、これ以上飲んだら吐きそうなのだ。振り切るようにしてフロントに入った。

すると、見たことのない日本人女性が膝の上に小さな子どもを乗せて寛いでいた。

「……カナコさん」隣でラムさんが教えてくれた。この宿の名前にもなっている、噂のカナコさんだった。日本から到着したばかりなのだそうだ。

「こんばんは。この宿はいかがですか？」

カナコさんは優しげな目をしていた。ゆったりと言葉を選びながら話す。オットリしていて癒やし系ながら、物事に達観している大人の女性といった印象だ。

「すごく快適です。このラムさんにも色々と親切にしてもらって……」

「あら、そうですか。ラムさんも久しぶりですね」

「彼は本当にお酒が好きですね……」口にしてからしまった！　と青くなった。横でラムさんが顔を赤くしている。余計なことを言うな、早く部屋へ行け、と言わんばかりの硬い顔をして肩をつついてくるのが可笑しかった。

＊

翌朝は八時半に約束をしていたが、一五分前にはラムさんが迎えに来た。とりあえずは、アサメシを食べに行こうと言う。

バイクで街中へ向かうと、タイ寺院前のチャイ屋でティップさんや、その舎弟風のジゴロくんたち、日本人の女性パッカーが井戸端会議中だった。昨日と全く同じメンツだ。一言二言挨拶を交わし、僕たちはフジヤという名のレストランへ入った。

テーブルについておやっ？　と瞬きをした。向かいの席でご飯を食べている日本人女性に見覚えがあるのだ。誰だっけか。記憶を手繰《たぐ》り寄せる――そうか。

「こんにちは。バラナシでお会いしましたよね？」

「……えっ。ああ、あの時のボートの！」

女性も思い出したようだ。ガンガーで一緒にボートに乗りませんか？ と声をかけられたのだ。インドを旅しているバックパッカーにしては珍しいタイプの女性だったので印象に残っていた。中年の女性なのだ。年齢はさすがに訊いていないが、たぶん僕の母親よりは少し若いといった感じ。五〇代ぐらいだろうか。そんな年代の女性が一人で個人旅行しているなんて珍しい。

テーブルを移動して、一緒に食べることになった。

「体調崩しちゃって、ずっと寝込んでいたんです……」

女性は心細そうに、ブッダガヤでの苦労話を語った。到着してからほとんど宿のベッドで過ごしていて、やっと食欲が出てきたのでレストランへやってきたのだそうだ。

「インドは身体を壊しますよね。自分も前に来た時はムンバイの病院に入院したことがあります。あれは本当に辛かった……」

僕は昔話を披露しながら相づちを打った。

「そんな目に遭っても、それでもまたインドへ来たんですね」

女性は目を丸くしていた。

「ええ、まあ。インドは面白いですよね。見るところ沢山ありますし。なんでインドへ来ようと思ったんですか？」

「若いうちじゃないと来れないかな、と思って。私、セカンドライフなんです」

瞠目《どうもく》した。セカンドライフということは、定年を迎えたことを意味するのだろう。そんな歳で一人でインドまで来て、「若いうちじゃないと……」と仰《おっしゃ》るのだ。僕なんてまだまだヒヨッコなのだ。旅人にも色んな人種がいるが、少なくとも年齢は関係ないのだなあと改めて感心させられた。

「バラナシはのんびりしていて良かったです」

女性は目を細めてそう言った。この意見も意外だった。バラナシのあの騒々しさに比べれば、ブッダガヤの方が遥かに平和だと思うのだが……。

「この街、乾燥していて埃っぽいし……。バラナシは水があるから」

なるほど、それは一理ある。ガンガーの雄大な流れを思い出した。

「家族はいないの？」

突然ラムさんが嘴《くちばし》を挟み、訊きにくい質問をぬけぬけとぶつけた。

「……家族？　いないです」

女性は気分を害した様子も見せず、即答した。状況からして何か込み入った事情がありそうにも思えた。でもきっと素直な人なのだろう。

「フリーなの」と言って、おどけてみせる。

「宿移るといい。カナコに行こう。村も案内する」

ラムさんが、空気を読まずに営業トークを始めた。

「でも、今日もうデリーへ移動するんです」

「列車？　駅まで送っていく」

「はい。でももうオートリキシャーを予約しちゃったから……」

「オートリキシャーは危ないよ。車の方がいい。五〇〇ルピーでどう？」

「えっ、いや、でも……」女性は困惑の表情を浮かべていた。

お気をつけて——そうお互い声を掛け合って僕たちはレストランで別れた。名前も訊かなかったし、連絡先の交換もしていない。旅人どうしの出会いではいつものことだ。ただ、ほんのわずかな時間話しただけだけれど、印象的な巡り会いだった。僕は勇気を分けてもらった気がした。もう二度と会うことはないかもしれないが、偶然の糸に引かれる形でどこかでバッタリする可能性を期待しつつ……。

散歩がてら、宿まで歩いて帰ることにした。ラムさんは後で迎えに来ると言う。僕もブッダガヤを出ることになっていた。

三日連続でマハーボディー寺院の門をくぐった。今までで一番順光で、もう何枚も撮ったというのに、またしてもデジカメのメモリーカードを消費する。昨日はラムさんに「午後から村へ行くと暑いから」と熱弁され、昼過ぎにマハーボディー寺院を訪れる形になったのだが、ここは写真を撮るなら午前中がベストタイムのようだ。

喉が渇いたので、手近のカフェに入りラッシーを頼んだ。バラナシで飲み損ねていたから、初ラッシーだ。酸っぱ甘さが、暑い気候に良く合う。一杯一五ルピーと言われ、五〇ルピー札を渡したら、このお札は駄目だと受け取ってくれない。ガンジーがプリントされていない、古いお札だった。どこかで摑まされたのだろうか。

さらに歩いてまた別の今度は商店の軒先のベンチに座って、コーラを注文した。頻繁に水分補給しないと、熱中症で倒れてしまいそうな殺人的な暑さだった。店の親父が持ってきたコーラはペットボトルのものだった。それではなく、瓶のでいいよ、と唇を曲げると、ちっといった感じで瓶のものに取り替えてくれた。ペットボトルは二五ルピー、瓶は一〇ルピーなのだ。何も言わないと、無言で高い方を持ってくるところはさすがはインド人。商魂たくましい。

田んぼの道に入り、前方に宿が見えたところで、後ろからラムさんが追いかけるようにして現れた。なんだか捕獲されたようだが、ブッダガヤはこうやってアッサリ見つかるような、こぢんまりとした街なのだと改めて感じた。

宿のフロントでは、昨日グッドゥの家に連れてこられた日本人の若者がチェックアウトしていた。大学生なのだと自己紹介した。

「これから列車でデリーまで行くんです。一五時間ぐらいかかるみたいで……」

長い移動に乗る前から怯《ひる》んでいて、見ていて心配になった。さっきの中年女性と同じ列車なのかもしれない。デリー行きの列車で以前に知り合いがカメラを盗まれたんです、と言おうとして止めた。心配を助長させるのも良くない。

少し早い気もしたが、僕も荷物をまとめて出発することにした。空港まではラムさんがバイクで送ってくれることになっていた。荷物があるから、車やオートリキシャーでいいと最初断ったのだが、自分が送っていくと言って聞かなかった。

最後のタンデム走行だった。この日も雲一つない、ペンキで塗ったような真っ青な空が広がっていた。遮るものが何もないから、日差しの熱がダイレクトに突き刺さるのだが、バイクの後部座席で風を受けるのは爽快だった。結局ブッダガヤではずっとこの座席で旅することになった。ラムさんも油断のならない男ながら、根はいいやつだった。お世話になった――感慨に浸りながら空港に到着した。

「ありがとう。ラムさん、あまり酒を飲み過ぎない方がいいよ。身体壊すよ」

「……大丈夫。神サマついてる」

何の神サマだろう。酒の神サマだったりして？

いよいよ別れの時という段になってのことだった。ラムさんは言いにくそうに目を逸らしながら、ボソリと小声で呟いた。

「……酒代、欲しい」

「………もうっ！」僕は呆れ果てた。せっかく感慨に浸っていたのに。もともと、チップを渡してもいいかなとは考えていた。空港まで送ってくれたぶんの足代がわりの意味も込めて。こちらから何も言わずとも、チップをくれ、ぐらいはインドだし言われることは覚悟していた。

でもこの男は「酒代」ときた。そうか、そうくるか。救いがたいアル中である。でも、憎めない男だった。僕は情に絆《ほだ》された。一〇〇ルピー札をラムさんのシャツの胸ポケットにねじ込む。ラムさんは露骨に相好を崩した。最後にガッチリと握手をして別れた。心の中で酒の神サマに祈りを捧げておいた。

空港の中は、延々と瞑想の音楽がＢＧＭとして流れ続けていた。チェックインカウンターの前には仏像まで置かれていて、最後に手を合わせていく乗客の姿が目についた。搭乗券を印刷する機械が壊れていて、カウンターの前で随分待たされた。欠伸《あくび》が出そうなほどに鈍《のろ》い荷物検査を抜け搭乗口の前まで行くと、係員がツカツカやってきて、「ディレイ！」と大声で叫んだ。

単なる観光旅行でなぜいけない？

たったの一時間程度の短いフライトだった。コルカタ空港にドスンと着陸すると、降ろされたのはなぜか国際線ターミナルで戸惑った。乗ってきたエアインディアの飛行機は、ミャンマーのヤンゴン発だったらしく、途中でガヤに寄航していたのだと、荷物が出てくるターンテーブルの表示で知った。

国際線なので、当然のようにイミグレーションがあり、申し送りが徹底されていないのか、通り抜けるのに一悶着《ひともんちゃく》あった。外国人である僕が国際線のターミナルにいるのに、パスポートには出国スタンプのないインドビザしかない。搭乗券を見せて国内線に乗ったのだと説明しても、係員は要領を得ず、偉い人を呼び出してようやく納得してもらった。

やっとのことで空港の建物を出ると、むわっとした気だるい空気に包まれた。どこか懐かしい匂いが鼻をついた。タイやベトナムに着いたようだ。広大なインドの東の果てまでやってきたら、東南アジアへ戻った錯覚がした。

プリペイドタクシーは市内まで二四〇ルピーだった。例のガンジーではない古いお札をさり気なく混ぜて出したら、カウンターのオジサンは眼鏡の奥の目を鋭く光らせ、無言で突っ返してきた。駄目だった……ババはとことんババのままだ。

市内へ近づくにつれ、道路が激しく混雑し始めた。万が一自分が救急車で運ばれるとしたら、絶対遭遇したくない破滅的な渋滞だった。黒煙《こくえん》を撒き散らしながら走るバス、鳴り響くクラクション。建物は密集し、道路は入り組んでおり、あっという間に迷子になりそうだ。ブッダガヤがいかに田舎だったかを思い知る。都会へ出てきたお上りさんの心境だった。モスクの前を通りかかった時、運転手は無言で祈りを捧げていた。おそらく、ムスリムなのだろう。同じインドとはいえ、地方によって特色が結構違う。多様性は大国ならでは、なのだ。

今朝ブッダガヤの宿を出る前に、コルカタのホテルをネットで予約してあった。当日でもネット予約が可能になって、旅は確実に効率化した。一方で、そういった予定至上主義的な旅ばかりしていると、ブッダガヤでのラムさんとの出会いのような、偶発的なイベントは起きにくくなる。それぞれ一長一短あり、方法論としてどちらがベストなのかは結論が出しにくいところだ。

コルカタでは一泊しかしないし、都会だと行き当たりばったりで宿探しをするのは億劫だった。つまり、ケースバイケースなのだろう。

タクシーはなかなか宿に辿り着けなかった。有名なホテルではないせいか、運転手もよく知らないらしく、何度も通行人に道を訊ねていた。街が複雑に区画されていて、住所がわかっても、目的地周辺をぐるぐる彷徨《さまよ》うことになる。プリペイドで先に運賃を支払っているからいいものの、そうでなかったら揉め事の火種になりそうだ。

「ミスター・ヨシダ?」

ホテルのフロントで、こちらから名乗る前に訊かれた。何でわかったんだろう? 日本人の男性一人客の予約が他になかったのだとしても、こういった機転が利いた対応はインドでは稀だ。

ベルボーイの男が部屋へ案内してくれた。ゲストハウス泊が続いていたので、久々にホテルらしいホテルに泊まるんだなあと実感した。ボーイは若かった。若いというよりも、幼いといった感じだ。どう見ても一〇代、中学生ぐらいにしか見えない。チップを渡したら、「日本のコインを持っていないか?」と訊かれた。

あいにく、日本円硬貨の持ち合わせはないことは、財布を確認するまでもなかった。僕が首を横に振ると、ボーイは悔しそうな顔をして部屋を出て行った。

夕食を取ろうと外へ出ると、すでに日は傾き夜の帳《とばり》が下りていた。歩いて五分ぐらいで、サダルストリートに到着する。インドを旅するバックパッカー御用達の安宿街だが、デリーのメインバザールと比べると規模はだいぶ小さい。中級ホテルに泊まっているくせに、真っ先にこういった場所にばかり足が向いてしまうのは、僕の中にバックパッカー気質が染み込んでしまっているからだろうか。

街に出てみて一番驚いたのは、人力のリキシャーだった。鳥のように細い足をしたおじさんが、白人カップルがいちゃつく荷台を引いて懸命に走っていた。

他の街で散々目にしたサイクルリキシャーも人力には違いがないが、自転車ではなく、人間が走って引くタイプの正真正銘の人力車である。浅草や京都で見かける観光用の人力車とも違う。コルカタでは、れっきとした公共の交通機関の一つなのだ。ただ、すでにライセンスの新規発給は終了しており、わずかに現存するのみなのだそうだ。絶滅の危機に瀕している——それがコルカタの人力車だった。

ブルー・スカイ・カフェという、サダルストリートではおそらく最も有名な名物レストランへ入った。インドの旅行記などを読んでいると、頻繁に名前が登場するから、実はずっと気になっていた。エアコンの効いた清潔な店内は、外の雑然とした風景とは別世界だ。それでいて料理の値段はそれほど高級ではないので、安宿街を根城にする各国からのお金のない旅行者も、束の間の安息を求めドアを叩くのだろう。

店に入ると、大きなインド国旗とマザー・テレサの肖像画が目に入った。コルカタにはマザー・ハウスという、ボランティア施設がある。孤児や障害者、死期が迫った者などをお世話するために、世界各国から旅行者が集まるという。

ボランティアか――。誤解を恐れずに言うなら、僕にとってこそばゆい言葉の一つだ。別に偽善だなどとは思わない。全く否定はしないのだけれど、正直な所、かといって積極的に参加したい意欲は湧かない。たぶん、自分は冷たい人間なのだろう。物乞いに手を差し出されただけで狼狽《ろうばい》してしまう、ちっぽけな男なのだ。

　自分を探さない旅とは、突き詰めれば単なる観光旅行にすぎないのかもしれない。行きたいところに好き勝手出かけていって、なんとなくその土地を知った気になり、写真をバシバシ撮って帰ってくるだけだ。誰かの役に立つようなことはしていない。これは紛れもない事実だ。

　所詮は「自己満足」とも言える。でも、だからといって、「自己満足」がいけないことなのだろうか？　と僕は反論もしたくなる。俗っぽい旅人で結構――開き直って本能の赴くままに旅を重ねてきた。そして、今の自分がある。

　チキンカレーを頼んだが、鶏肉はぼそぼそしていて、昨晩ラムさんにご馳走してもらったプリプリのあの肉とは比べようもない。ビールはメニューに載っていなかったので、三日ぶりの休肝日となった。

　都会らしい快適なホテル・ライフが送れそうだと気を抜いてた。朝シャワーを浴びようとして裸になったら、なんと水しか出なかった。さすはインド、油断も隙もない。

朝食はビュッフェ・スタイルだったが、席に座った途端、スタッフが勝手にお皿に盛って持ってきてくれた。マハラジャになった気分だが、香港の飲茶のように次々と現れるので、後でチップの払い方で頭を悩ますのも面倒と思い、自分で取りに行くよとサラリと断った。いくつになっても、リッチな旅人を気取れはしない。

コルカタの街は、昨日空港に着いて感じた第一印象通りで、東南アジアのようなゆるゆるとした空気が満ちていた。

「ハロー・ジャパニ？」と時折からまれたりはするものの、デリーやバラナシに比べれば可愛いものだ。「ノー」と言って振り切ろうとすると、あまりしつこく追いかけてはこない。眉間に皺が寄った人は少なく、商店などでもにこやかに応対してくれる。

サダルストリートの外れに、ニューマーケットという市場がある。色とりどりの野菜や果物、生前の姿を残したまま軒先に吊り下げられている各種生肉などを写真に撮りながら散策していた時のことだ。若い売り子に引き留められた。

「ジャパニ、俺を撮ってくれ！」

インド人は写真（に写るの）が呆れるほどに大好きだ。縦位置のを二カット、横位置のを一カットずつ撮影し、液晶モニタで見せてあげたら、データを送ってくれとせがまれた。インドに限らず、世界中どこへ行っても同様にお願いされるのはよくあることなので、僕は「オーケー」と快諾しメモ帳を取り出した。

「このアカウントに送ってくれ。フェイスブック、使ってるだろ？」

市場の売り子は、メールアドレスでも住所でもなく、ＳＮＳのアカウントをメモ帳に記入したのだ。これには衝撃を受けた。もう、そんな時代なのだなあ。

ネットのおかげで、世界は狭くなった。旅をしていると、その恩恵をひしひしと噛みしめる機会は少なくない。日進月歩のテクノロジーの波に上手く乗れるかどうかは、旅の行く末すら左右するようになってきたのだ。

スマートフォンでツイッターを開くと、「コルカタ空港からサダルストリートまではバスと地下鉄で一三ルピーで行けましたよ」というメッセージが届いていた。空港からのタクシーが大変だったと僕が呟いたことへ反応してくれたのだ。ありがたいことに、異国の街にいても、こうして親切に教えてくれる人が画面の向こうにいる。

その地下鉄に乗って、コルカタ最大の繁華街チョウロンギー通りへ行ってみた。地下鉄は駅構内のあちらこちらに、「ノーフォト」と張り紙されていた。ライフルを抱えた警備員や、空港と同じような荷物検査まで実施されていてなんだか物々しい。

昼食に入ったのは、マクドナルドだった。カレーばかり続いていて、胃がもたれていた。とうとう日和《ひよ》ってしまったのだ。

インドのマクドナルドにはハンバーガーはない。ダブルバーガーも、ビッグマックも食べられない。今更言う必要もないだろうが、牛は聖なるものであり、ヒンドゥー教徒は牛

Delhi
Varanasi
Buddha Gaya
Kolkata

肉は食べないからだ。僕はベジタブルバーガーを注文した。チーズはいるかと訊かれ、イエスと答えたら、レジの表示が八五ルピーから一〇九ルピーに変わった。チーズ一枚二四ルピーか……。チャイが五杯は飲める金額だ。道ばたのチャイ屋なら八杯ぐらいいけるかもしれない。

インドにいると、お金の価値がわからなくなってくる。安いものと高いものが両極端すぎて目が回るのだ。マクドナルドなんて、日本だと手頃にお腹を満たしたい時に行くジャンクフードのイメージがあるが、インドでは状況が異なる。着飾った家族連れが、お出かけがてら立ち寄る中級レストランだ。

外国人や、インド人でもお金持ちであれば、お金のない人よりも高い金額を支払うのは当然という風潮がある。買い物には常に値段交渉がつきまとうから、同じ店で同じ商品を買ったとしても、昨日と今日で値段が違うのも茶飯事だ。

だからインドでは、少しでも旅費を節約しようとケチケチし始めると、旅は息苦しいものになってくる。姑息な商人に負けるものかと息巻くと、わずか一〇ルピーのために、人生の貴重な時間を浪費し、時には不快な気持ちにもさせられる。

僕は臆病者だから、できる限り波風立てないように、お金の問題には目を背けがちだった。多少ボラレているとしても、ムキになった者が損なのだと自制してきた。

しかし、堪忍袋の緒が切れることもある。

ホテルに戻ると僕はチェックアウトし、タクシーで空港へ向かった。後になって振り返ると、ツイッター経由でいただいた忠告に従い、地下鉄とバスで行けば良かったのかもしれない。

乗り込む前に、ホテルのボーイが「空港までだいたい二二〇ルピーですよ」と、訊いてもいないのに教えてくれた。昨日空港から乗った際には二四〇ルピーだったから、いずれにしろ相場はだいたいそれら前後なのだろう。

到着すると、メーターには「１４６」と表示されていた。僕はとりあえず一〇〇ルピー札を二枚渡した。細かいのがなかった。お釣りが戻ってくればいいが、そうでなくても相場からして二〇〇までは払ってもいいと諦めつつ差し出した。

すると、運転手は唇を尖らせた。

「これじゃあ足りないよ。今の時間は人が少ないからダブルプライスだ。さらに二〇パーセントのタックスがかかるから……五〇〇でいいよ」

……カチンときた。ふざけんな。いくらなんでもメーターが一四六なのに五〇〇になるはずがない。この運転手が言うように仮に税金がかかるとしても、二〇〇で足りないなんてことはまずあり得ない。そもそも、いけしゃあしゃあと五〇〇も寄越せと言ってくる腐った性根に怒りが湧いた。

「……絶対に払わない。早くお釣りをくれ！」

「何言ってるんだ。五〇〇ルピーだ。ファイブ、ハンドレッド、ファイブ、ゼロゼロ」

英語が通じていない人に諭すかのように、わざとらしくゆっくりと金額を繰り返した。その小馬鹿にしたような態度が火に油を注いだ。

「ネバーペイ！　ネバー！」

僕は気色ばんだ。今回インドに来て最も頭に来た瞬間だった。

醜い言い争いをしているのが目立つのだろう。他のタクシードライバーが次々と集まってくる。運転手が状況を説明しているが、英語でないのでなんと言っているのか不明だ。自分に都合の良い解釈を論説ぶっているに決まっている。

「この運転手が言うことが正しい。ここはインドだ。インドのルールがある」

取りまとめ役といった感じの、髭の濃い男が判決を下した。納得できない。

「はあ、インドのルールだあ？　だったら警察を呼ぼう」

「まあまあ、そう怒らないで、ミスター」

周囲の男たちが宥め役に回る。

「……よしわかった。じゃあ、今回は三〇〇ルピーでいい。三〇〇で俺がこの運転手を納得させる。おい、それでいいな？」髭の男は運転手に顎をしゃくって見せた。

そうこうしているうちに、取り囲むギャラリーの数が次々増えている。時計に目を落とすと、飛行機の出発時間が迫っていた。圧倒的に不利な状況だ。

本当に悔しいけれど、僕の力ではこれが限界だった。三〇〇ルピーで手を打った。しぶしぶ一〇〇ルピー札をもう一枚取り出す——。

「……あと二〇ルピーくれ」

運転手が驚きの強欲さを見せた刹那、自分の中で何かがプツンと音を立て、切れた。

——やっぱり払わない。絶対嫌だ。

「たかが二〇ルピーだろう」運転手には罪悪感の欠片《かけら》も見られない。

僕はカバンの取っ手を握りしめた。その場を強行突破することにした。周りの男たちはきょとんと佇立《ちょりつ》している。待てと言われても無視して振り切るつもりだったが、幸い誰も引き留めようとしなかった。ずかずか早足で歩き、後方を振り返らずにそのまま一気に空港建物に向かった。中へ入るのにパスポートと航空券を提示した。ここまで来たら一安心か。搭乗手続きをさっさと終えたら、スタンドでホットコーヒーを買って気を静める。デリー行きの飛行機が定刻通り搭乗開始となった。

インドの旅が終わろうとしていた。

最後まで安逸をむさぼれないのがインドだった。

第四章

旅の終わりは突然に

The day of Travel

Paro

3月11日、旅先で

Paro

かつて長旅をしていた当時、このまま旅は永遠に終わらないのではないかと錯覚していた。根拠があったわけではない。ただ漠然と、そして盲目的にそう信じていた。

新しい街に移動して、宿を探す。二、三日滞在したら切符を買って、さらに次の街へ移動する。居心地の良さを気に入って長逗留《ながとうりゅう》した街も、先を急いでいて一泊で立ち去った街もある。

一連の流れを繰り返す日々が続くうちに、旅が非現実のものではなく、生活感を伴ったものにいつの間にか変わっていた。むしろ日本での日常の方こそが、非現実なのではないかという気さえしていた。旅立つことへの抵抗はなかったけれど、いざ異国の地に身を置くと、どのタイミングで旅を終わりにすべきかは悩ましい話だった。

一方で、帰る場所は確実にこの地球上に存在していた。帰らなければならないという、使命感があったことも否定できない。旅には必ず終わりの時は訪れる。もうちょっとだけ、と延長戦を決め込んだとしても、いずれ帰るべき場所へ旅人は戻っていく。終わりのない旅の形が仮にあるのだとしても、それは旅ではないのだろうと思う。エンドレスではないからこそ旅なのだ。

コルカタから空路デリーに戻ってきた後、僕はチュンくんと再び合流し、一緒にブータンへ向かう約束をしていた。

「インドどうでしたか？」

目を輝かせるチュンくんに土産話を披露しながら、僕たちはヒマラヤの秘境国家へ飛んだ。デリーからはブータンのパロまで直行便が出ている。

ブータンでは、いつものような個人旅行はできない。ツアーの形にアレンジしなければならない決まりなのだ。しかも滞在一日あたり二〇〇ドルと公定料金が決められており、安く旅行することは実質不可能だ。物価の安いアジアの旅と比較すると、バックパッカーにはなかなか手が出にくい旅先の一つと言える。

幸せの国としても名を馳せるブータン。ＧＮＰの代わりとして、ＧＮＨを国是としている話はよく知られている。ＧＮＨの「Ｈ」とは、すなわちＨａｐｐｙのことで、和訳すると「国民総幸福」を意味する。経済的な発展よりも、国民の幸福を重視するという独自路線は、我らが日本とはまるで正反対で興味深い。

期待を胸に訪れてみると、極めて摩訶不思議な国だった。これまでに七〇ヶ国以上を旅してきたが、どの国とも似ていない。インドのルピーが現地通貨と等価でそのまま使えるなど、隣国の影響を感じる部分は若干あるものの、学校でクラス替えをした時のような新鮮な気持ちで、既視感のない旅に没頭した。

たとえば、道行く男女は皆、まるで日本の江戸時代のような衣装を身にまとっている。ブータン人は顔つきが同じモンゴロイドで日本人に近しいのもあり、時代劇の世界へ迷い込んだかのようだ。男性はゴ、女性はキラという名前の衣装は、法律で着用が義務づけられているらしい。近代化の波に呑まれようとも、頑なに伝統衣装を守り続けているのは、今の時代かなり希有《けう》な存在と言えるだろう。

深夜にガイドさんの目を盗んで、ふらふらと街を散策していたら、映画館を偶然見つけた。中へ入ってみると、スクリーンに上映されていたのはブータンの映画で、出演者たちも全員ゴやキラ着用だったのには心底たまげた。時代劇の住人たちが、自らその時代劇を観賞している光景に僕は目を瞬かせた。

法律といえば、ブータンでは煙草の喫煙が禁止されてもいる。公共の場では禁煙というパターンは珍しくないが、喫煙そのものを罰する国家は初めてだった。吸っているのを見つかると逮捕されるというから、ほとんど麻薬のような扱いだ。僕もチュンくんも愛煙家なので、その点は肩身が狭かった。

ガチガチに管理され、自由が制限される国――。しかも王国と聞くと、どこかの独裁国家を連想してしまうのだが、そうならない所がブータンの奥深さでもあった。

国民は教育や医療は無料で受けられる。それでいて一部の高所得者を除き、一般市民は納税の義務がないのは、福祉国家ながら重税を課す北欧とも違う。重病に罹《かか》った際には、デリーの病院まで空路搬送するのだが、その際の移動費用も国が全て持ってくれるほどの徹底ぶりだ。国民は安心して学業やお勤めに励むことができる。

前国王は国家権力を恣《ほしいまま》にするどころか、自ら議会制民主主義を提唱し、国民の判断に委ねるという英断を下した。後を継いだ現国王も、三一歳と世界最年少の国家元首ながら、国民の人望はすでに厚い。

大の親日国家でもあり、昭和天皇が崩御された際には、国を挙げて一ヶ月もの間喪に服してくれたというから、日本人の一人として頭が下がる。

実際、旅していて、嫌な気持ちにさせられた瞬間は一度もなかった。ブータン人は総じて優しく、素直で、心根の温かい人たちだと感じた。温柔敦厚を地でいく彼らに接しているうちに、インドの旅でささくれ立っていたものが丸くなっていった。

ブータンでは三泊四日のツアーを組んでいた。

その、三日目のことだった。

山深いブータンの中でも、かなりの高地に位置するタクツァン僧院へ向かった。ブータン人にとって、最も厚い信仰の対象となっているという。いわば聖地だ。険しい断崖の上に、人目を盗むようにしてひっそりと佇んでおり、車では麓《ふもと》までしか行けない。歩いて山を登るのだ。片道およそ二時間の登山旅が始まった。

いざ頂上へ――鼻の穴を広げ、気合いを入れて歩き始めてすぐのことだった。布を敷いて土産物を売るおばちゃんに出くわした。

「これを持って行きなさい」といった感じで手渡されたのは、木の棒だ。腰の高さほどの長さがある。登山用のステッキ代わりというわけだ。

「……お代は？」

僕はおそるおそる口にしたが、おばちゃんは首を横に振って白い歯を見せる。

「お金はいいと思いますよ」ガイドさんも横から助け船を出した。

これがインドだったら、後々絶対揉める原因になる。おばちゃんに微笑みを返し、ありがたく棒を使わせてもらうことにした。

ガイドに先導されながら、葛折《つづら》りの岨道《そばみち》を進んでいくと、ロバを引いて荷物を頂上へと運んでいる男や、人なつっこい猫などが次々登場する。ヒマラヤとはいえ、チベット辺りと比べると標高のまだ低いブータンは緑が豊かで、気持ちの良い景色が続く。鼻歌が口をついて出るが、勾配が急になるにつれ、運動不足の身体が悲鳴を上げた。

「ゆっくりで大丈夫ですよ」

日本にも来たことがあるという若いガイドさんは、歩くのが遅い僕たちのペースに合わせてくれる。彼はウゲンと名乗った。色白で小柄なウゲンさんは、登山であっても民族衣装のままなので、かろうじて見分けがつくのだが、顔だけ見たら日本人と言われてもわからない。整髪料で髪を七三に分けていて、髭もきれいに剃っている。仕事のできそうな好青年といった印象だ。

この日も朝会うなり、「帰国便のリコンファームをしに行きましょう」と頼もしい顔をして僕たちを主導してくれていた。リコンファームが必要な航空会社も今となってはレアケースだが、江戸時代の着物風の男と一緒に山を登るのも、なかなかできない経験だよなあと感慨に浸った。

目的地タクツァン僧院は、これまで世界中を旅してきた中でも指折りの絶景だった。切り立った断崖の屏風岩に、おとぎ話のお城のような僧院が屹立《きつりつ》している。離れた場所から眺めると、岸壁にへばりついているようにも見える。

何でこんな場所に……と舌を巻く。崖と崖の隙間を、カラフルな五色の旗が埋め尽くし、風にたなびいているさまも、美しいと形容するほかない。

かの有名なペルーの失われた空中都市マチュピチュや、フランスの孤島の修道院モンサンミシェルなんかもそうだが、周囲のロケーションの素晴らしさがまた、存在を際立たせるのに一役買っている。宮崎映画に出てきそうなファンタジックな景観にウットリし、シャッターを押す指にも力が入った。苦労して山を登って辿り着いた満足感も感動を後押しした。まさしく、ブータン旅行最大のハイライトだ。

下山すると、登山口のそばで例の土産物屋のおばちゃんと再会した。

「カディンチェラ」

ありがとうという意味の、覚え立てのブータン語でお礼を伝え、借りていた木の棒を返却すると、おばちゃんは顔の皺をくちゃくちゃにして相好を崩した。お土産は最後まで何も買わなかったけれど、棒のお代をくれなどとは言われなかった。

棚田の風景がほんのりと優しく心に染みた。雪山を背後に抱きながら、伝統造りの木造の民家が点在している。車に揺られ車窓を眺めているだけで、夢見心地だった。

僧院からの帰り道、ブータン人のお宅を訪問することになった。観光客向けに用意された趣向とはいえ、貴重すぎる経験に心が浮き立つ。遺跡やお寺の見学以上に、現地の人たちの暮らしや生活習慣に関心が向く旅人なのである。

ウゲンさんに誘われ門をくぐると、家の二階の窓から、小さな子どもたちが手を振ってくる。中へ入ったら、ビッグママといった感じの陽気なお母さんが出迎えてくれた。身体の大きさに負けないぐらい心も朗《ほが》らかそうな、お母さんの満面の笑みが伝播《でんぱ》し、僕は口元が無意識のうちに緩んだ。

壁一面を埋め尽くす満艦飾《まんかんしょく》の神棚や、寒風を凌ぐための頑丈な雨戸構造などを一通り見せてもらった後、居間に案内され、絨毯の上にべたりと座った。

「さあ、これを食べて」

大きなザルに溢れんばかりに盛られた、スナック類が並んだ。お米を揚げたお菓子や、ポップコーンなど。お呼ばれされたら、遠慮なくもてなされたい図々しい旅人としては、ついつい手が伸びる。

やがて、籐《とう》で編んだ全長一メートル近くはあろうかという大きな筒が出てきた。

「アラという、ブータンの地酒です」ウゲンさんが解説してくれる。

筒を傾けると、先端から透明な液体が流れてきた。盃が配られ、試飲させてもらう。背の低い平べったい盃は、時代劇でお侍さんが胡座をかいて手にしているあれにそっくりだった。僕も足を楽に崩して、杯をゆっくりと口に運ぶ……クイッ。

――その時だった。

血相を変えて、おばちゃんが居間に駆け込んできた。

はて、どうしたのだろう……。

おばちゃんは、現地の言葉でウゲンさんに何か話している。先ほどまでの快活な表情は消え去り、発する言葉の抑揚から切羽詰まったものが伝わってくる。何か良くない事が起きたのだろうか。僕は手に持ったままだった盃を絨毯に置き、鳩が豆鉄砲を食らったような気分で、その光景をポカーンと見守っていた。

ウゲンさんが、僕たちに向き直って言った。

「……ジシンです」

えっ、ジシン…………地震？

「東京でジシンです」

東京でジシン……東京で地震？

…………えええ！

こちらに来てくださいとウゲンさんが請じ入れる。隣の部屋へ移動する――。

中へ入った刹那、目の中に飛び込んできた映像に慄然《りつぜん》とした。ハンマーで顔面を殴られそうになったかのような瞬間的な恐怖が襲ってきて、肌が粟立った。全身から血の気がサーッと引いていくのがわかった。部屋の中は水を打ったように静まりかえり、テレビから流れる音声だけが耳朶《じだ》を打つ。

ニュース番組のようだった。何台、何十台もの自動車が濁流に呑み込まれ、大きな四角い塊や灰色の棒にぶつかり、ひしゃげながら、流されていく。耳を素通りしていたテレビキャスターの英語の中に、突如として「ＴＳＵＮＡＭＩ」という妙に聞き慣れた言葉が登場し、混乱している頭の中でなんとか「ＴＳＵＮＡＭＩ」を「ツナミ」にして、「津波」

と変換したことで、大きな四角い塊は家屋らしきもので、そうすると灰色の棒が電柱なのだとおぼろげながら理解した。

　上空から撮影した映像は、昔観た世界の終末をテーマにしたハリウッド映画を思い出させたが、電柱らしき灰色の棒の上には懐かしい青地の交通標識が掲げられ、白い文字で漢字が書かれていた。

　画面は切り替わり、どこかの工場地帯でどす黒い煙がもうもうと舞い上がっている映像が流れた後、街中で蕎麦屋の看板が地面に突き刺さっている横を、顔を引きつらせた男女が通り過ぎて行った。テロップには「Ｓｅｎｄａｉ」と出ている。

「センダイってどこですか？　東京ですか？」

　ウゲンさんが白い顔をさらに白くして誰に訊くともなく呟いた。

　センダイといえば仙台だよ、と変換するも声にはならず、「仙台は東京の北です」とチュンくんがやけに冷静に答えるのを横で黙って聞いていた。映像のバリエーションは少なく、差し当たってテレビから得られる情報には限りがあったが、仙台の方で地震が起き、津波が発生したという事実が、その場にいた者たちの中ではひとまず共有された。信じられなかったし、信じたくもなかったけれど、疑いようのない事実であると映像が物語っていた。

　僕は二つのことが気になった。

東京は大丈夫なのだろうか――。

家族は無事なのだろうか――。

スマートフォンを取り出し、まずは奥さんの携帯に電話をかけてみた。彼女は数日前にオーストラリア出張から帰国しているはずだ。

――繫がらなかった。何度かけても、ツーツーという音が返ってくるのみだ。続いて自宅の電話番号を押す――やはり繫がらなかった。

胸の中に渦巻く心懸かりが際限なく膨張して口から飛び出し、大きな重しとなって僕を押しつぶそうとする。動悸が鳴りっぱなしで、震えが止まらない。

旅なんてしている場合ではない。

今すぐ帰らなきゃ――気持ちがはやった。日本、そして家族という、最も身近で、愛おしい存在が遠ざかっていく。手を伸ばせばすぐに届く所にいる気がしていたのに、心理的には目の前にあるのに、物理的な距離が邪魔をする。

スマートフォンはこんな山奥でも電波を拾うが、ブータンではネット接続が規制されているらしく、通話しかできない。せめてネットに繫がれば……。

「街まで出れば、インターネットカフェがあります」

ウゲンさんの知っているその店に、連れて行ってもらった。一〇畳ぐらいのスペースにパソコンが何台か置かれていて、学校帰りの子どもたちがゲームに興じていた。いつもなら平和なブータンの日常を垣間見て心が和むところだが、そんな余裕は全くない。大急ぎで持参したノートパソコンを取り出し、ＬＡＮケーブルを繋ぐ。

さあ、オンラインへ――あれれ、繋がらない。

「……ネットは今、ダメみたいです」

店員に聞きに行ったウゲンさんが肩を落として帰ってきた。サーバーが落ちているのだろうか。インフラが貧弱なのはある程度予想していたが、まさか全く繋がらないとは……ガックリ項垂《うなだ》れた。

「知り合いのホテルへ行ってみましょうか？」

チュンくんの会社の元同僚が、ブータンでホテルマネージャーをしているらしい。現地駐在している数少ない外国人で、しかも日本人だという。ネットに繋がらなかったとしても、何か情報を持っているかもしれない。

藁にも縋《すが》る気持ちで、そのホテルへ向かった。予定では、この後温泉へ行くことになっていたが、とても湯船に浸かる気分ではない。ウゲンさんや車の運転手さんは、急な予定の変更に何一つ文句を言うことなく、まるで当事者のように気を揉んでくれていた。励ましの言葉をかけられる度に、涙腺が脆《もろ》く緩みそうになる。

「奥さん、きっと大丈夫ですよ」

「ありがとう。そうですよね」

自身にも言い聞かせるように相づちを打ち、「きっと大丈夫」と言葉を継いだ。

ブータンでも最高級の豪華なホテルは、ヒマラヤの秘境国家には似つかわしくない西洋的な薫りに満ち溢れていた。

出迎えてくれたのは、僕と同級生ぐらいの女性だった。簡単な自己紹介をした後、すぐに無線ＬＡＮのパスワードを教えてくれた。

Ｓｋｙｐｅを立ち上げる。ネット回線を通じて電話のように通話ができる無料アプリで、海外にいて家族と連絡する際に重宝している。

奥さんにかけてみる。繋がるだろうか――。

――トゥルルルル。かかった！

「……もしもし」

懐かしい声を聞いた瞬間、全身をがんじがらめにしていた縄がするするとほどけていくような安堵の感覚が込み上げてきて、その場にへたり込みそうになった。

良かった。生きている――。目頭が熱くなった。

「こっちはとりあえず全員無事。でもすっごい怖かったよお」

「揺れたの？」

「揺れた。超揺れたよ。ていうか、今もまだ揺れてる」

会社で仕事をしている時に揺れに襲われたそうだ。そのまま早退してすぐに帰宅しようとしたら、電車が止まっていたという。仕方ないので自転車を買いに行ったら、お店がやっていなくて途方に暮れたんだと、電話の向こうで奥さんが語った。

「それで、どうやって帰ってきたの？」

「通りすがりの人に自転車を貸してくれって頼んだの」

「貸してくれたの？」

「うん、自分はすぐ近所なのでどうぞって。すごい、いい人だった」

僕がもし現場にいたら、取り乱して自転車を買うなんて発想は思いつかなそうだ。しかも知らない人に借りるなんて……。天晴れと言うべきか。我が妻ながら、サバイバル能力の高さに改めて感心させられた。

ただ、家に帰ってきたら、階段の脇に置いてあった壺が割れていて、さらに現在でも頻繁に余震が起きているのだと泣きそうな声で訴えている。

「明日の便で帰るから」と伝えて電話を切った。

ホッとしたところで、ブラウザを立ち上げ、ニュースサイトから情報を拾い始めた。震源地は東北地方の太平洋沖で、最大震度が七と出ていた。ざっと見ただけでも、地震よりも津波による被害がより大きそうなことがわかった。

インターネットの力は偉大だ。ブータンと日本が繋がった。事態の緊迫具合や被災した人たちのことを思うと到底楽観視できない状況だが、少なくとも身内の安否が確認できたことで、喉に支えていた骨が取れたような安心感を得た。

チュンくんの元同僚の女性にネットに繋げさせてもらったお礼を言うと、いえいえと愛想良く頷いてくれたものの、すぐに浮かない顔に変わった。

「……実家が福島県の沿岸部なんです」

「福島ですか……。ご家族とは？」

「さっき連絡がついて、実家はとりあえず大丈夫のようでした。ただ、同級生たちがもしかしたら……。あと、どうも原発がやばいようなんです」

僕は顔をしかめた。そして同時に、「福島」と「原発」という二つの言葉が記憶を呼び戻す鍵となった——。

——つい一ヶ月半前のことだ。僕と奥さんは二人で温泉旅行に出かけた。車を運転して、常磐自動車道から福島県の太平洋岸を目指した。週末は夫婦でしばしばドライブに出かけるのだが、今年最初の行楽先がたまたま福島だった。

宿泊したのは大熊町《おおくままち》というところだ。そこを選んだ特別な理由はない。箱根や熱海のようなメジャーな温泉地は人が多そうだったので避け、それでいて都心からそう遠くなくて、美味しい海鮮料理が食べられそうな場所。そんな条件を満たす宿をなんとなく検索していて見つけたのが、大熊町の温泉だった。

途中いわき市の港の魚市場で、シャリの倍はありそうな巨大なネタが乗った新鮮なお寿司をたらふく食べ、アクアマリンふくしまで珍しい金魚を見て回った。カーナビを入力せずに、海沿いの一般道を気儘《きまま》に北上して大熊町を目指した。

予備知識がほとんどないまま出発したが、良さそうな海岸を見つけたら車を停め、太平洋の大海原を眺めながら浜辺を散策するのは爽快の極みだった。観光客が誰もいなくて、砂浜を洗う波の音ぐらいしか聞こえないのも僕たち好みでニンマリした。

浜辺から北の方角に煙突が何本か立っているのが望めた。

工場か何かだろうか——最初はそんなことを漠然と思った。

地図を見ると、東京電力福島第一原子力発電所と記載されていた。説明のつかない、ややもやとした灰色の感情が頭をもたげた。以前に青森県の六ヶ所村へ行った時にも同じ気持ちになったのを思い出す。生理的な拒否反応とでも言えばよいだろうか。

原発から数百メートルの距離にある河原では、真っ白な白鳥たちが、水面をゆらゆら漂っていた。車を降りて近づくと、白鳥たちもこちらにつつつと寄ってきて、いつまでも離れようとしない。まるでうちの猫のような人なつっこい白鳥だった——。

——まさかあの旅が、こういう形で伏線として繋がるとは夢にも思わなかった。問題が起きているらしい原発は、まさに僕たちがあの時目にしたものではないか。

あの日の白鳥たちの可憐な姿を頭の中に描いた。

辞去してホテルの外へ出ると、ウゲンさんたちが車から降りてきた。ずっと待っていてくれたらしい。とりあえず家族は無事だったと伝えると、自分のことのように喜んでくれた。いい国で、いい人たちに出会えたのは、不幸中の幸いだったと思う。

その後のツアー予定は全てキャンセルした。

翌日のフライトで、僕はチュンくんと別れバンコクへ飛んだ。ブータン国営のドゥルクエアは、デリーに加え、バンコクとも結んでいる。日本に帰るためには、デリーには戻らず、バンコクへ出た方が近い。

機内に乗り込むと、インドの英字新聞があったので手に取った。一面に津波が迫ってくる様子を陸地から撮影した写真がドカンと大きく掲載されていて、世界的にビッグニュースになっていることを実感した。少しでも情報を得られればと、得意ではない英語の文章を目で追う——。

「これほどの非常事態にも、冷静沈着に行動する日本人は賞賛に値する。我が国で同じことが起きたら、同じようにはいかないだろう」といった社説が載っていた。

いかにもインドらしい表現で、エールを送ってくれている。また涙腺が緩んだ。

——そうだ、とにかく落ち着かなきゃ。

バンコクに着いて、乗り継ぎのために搭乗手続きをしに行く。カウンターは開いていた。

成田便が飛ばないという最も心配していた事態は免れた。
搭乗直前になって、奥さんからのメールを着信した。
「大変、原発が爆発しそう」と書いてあった。まさか……。心臓が早鐘を打ち始めた。
卒業旅行の幕引きがこんな形になるとは――。
ざわざわとした胸騒ぎが収まらないまま、僕はボーディングブリッジを渡った。

第五章

それでも自分は探さない

After Travel

Tokyo
Kesennuma

好奇心の赴くままに

Tokyo
Kesennuma

夢だったらいいのに——目を覚ましてまず思った。

でも——夢ではなかった。

三月一三日朝、僕は日本に帰国した。

成田行きの飛行機はガラガラだった。紛争地帯へ向かっているような重苦しい空気が満ちていた。地震発生直後は、着陸できずに他の空港にダイバートした便もあったというから、無事に戻って来れただけでもラッキーなのかもしれない。

入国審査の列に並んでいると、全身を真っ赤な作業服に包んだ一団が現れた。国旗が目に入る——台湾の人たちだ。レスキュー隊なのだろう。荷物を受け取って出たところでは、ドイツからの一団とも一緒になった。発生からまだ二日も経っていないのに、なんて迅速なのだろうか。ネットを見ると、ブータンでは、国王の呼びかけで、高僧を集めて被災者への祈りのセレモニーが行われたと出ていた。フェイスブック経由で、南米エクアドルの友人から「大丈夫か？」とメッセージも届いていた。

世界には僕たちを気にかけてくれている人たちがこんなにもいる。旅をしたことで、僕たちが暮らす日本という存在が、それ単体でのみ成立する閉ざされた空間ではなく、地球という広大すぎる惑星の一部だという事実を身をもって知った。世界は繋がっている——。国籍や人種なんて関係ない。困った際に救いの手を差し伸べてくれる仲間たち。恩は忘れてはいけない。


留守にしていたのはわずかに二週間足らずのはずなのに、何年も留守にしていたかのような懐かしさがあった。歩き馴れた商店街の、馴染みの看板の数々が視界に飛び込んできて、浦島太郎の気分で目を瞬かせた。角を曲がって、我が家が見えた時には大きな安堵の溜め息が口をついて出た。

鍵を持っていたけれど、あえてインターホンを押してみる。ガチャとドアが開き、この世で最も身近な人間の顔が覗いた。

「……ただいまー」

「……おかえり」

何の変哲もない、ごくごく普通の挨拶が心を揺さぶった。帰るべき場所に帰ってきたのだ。旅が終わったことへの後ろ髪引かれる思いよりも、無事に帰ってこれたこと、帰るべき場所が無事だったことへの喜びが遥かに勝った。

玄関に荷物を放り出し、居間へ入ると、キジ柄の猫が椅子の上で香箱を組んでいた。

「ただいまにゃあ」

猫なで声で挨拶するも、それに応答するような律儀さがない所は相変わらずだ。

「猫だけは、揺れが来ても微動だにしないのよね」奥さんが嬉しそうに語った。

家の被害は、差し当たっては壺が割れたぐらいで済んだらしい。玄関の外には、例の通りすがりの人に借りたという自転車が置かれていた。

テレビをつけると、どのチャンネルも緊急特番を放送中で、目下の焦点は福島の原発の動向のようだった。民放は怖いから観たくないと奥さんが言うので、ＮＨＫを流しっぱなしにする。過激な映像や、恐怖を煽るコメントに彼女は嫌気が差していた。

――チャンチャーン、チャンチャーン。

テレビから突然チャイムのような音が鳴り響いた。続いて「緊急地震速報です」というアナウンサーの声が入ったのと同時のことだった。

グラグラグラッ。揺れた――。

よほど鈍感な者でもすぐにそれとわかる地響きだった。呆気《あっけ》に取られる僕に、「ストーブ消して！」と奥さんが素早く指示を出す。食卓の下に入って、揺れが落ち着くのをじっと待った。身が縮む思いがした。

これが噂に聞く余震か――外国で耳にした時にはまだどこか当事者意識が薄かった。いよいよ自分が渦中に入り込んだのだと実感し怖気づく。

「怖い音だよね。昨日とかずっと鳴りっぱなしだったの。音を聞いただけで生きた心地がしなかったよ……」か細い声で奥さんが訴える。

猫だけが、寝返りすら打たず、何事もなかったかのように、一切の責任を放棄したかのような恍惚の顔で舟を漕いでいた。


放射線測定サイトのグラフが急上昇し始めたのは、一五日のことだった。

そんなサイトが存在していること自体、これまでは全く知らなかった。福島第一原発の爆発以降、マメにチェックしていた。

危険を煽る者や、安全を声高に叫ぶ者、さまざまな情報が錯綜し、神経がささくれ立ってきていた。テレビではお偉いさんが「ただちに影響はない」を連呼していたが、それを額面通りに受け取る気になれなかったのは、旅をして報道には多面性があることを身をもって知っていたからだろうか。

いざという時には西へ逃げよう。夫婦間で暗黙の了解が既にできていた。

いざという時が訪れたと、冷静に判断したわけではない。

逃げなくちゃ――直感だった。ある種のパニック状態にいたことは否定しない。

僕たちは折りたたみ自転車とヘルメットを荷台に積んで、車で家を出た。停電した場合に備え、自動給餌機ではなく、お皿の上にあるだけの猫の餌を置いてきた。東名高速を西へ向かった。アテはなかった。目的地も決めていなかった。とりあえず行けるところまで行ってみようか――。

夫婦で車で出かけるなんて、いつもの旅と何ら変わりはないけれど、明らかにいつもの旅とは違った。旅が日常化している我が家にとっても、非日常を感じさせる逃避行の様相を呈してきていた。パーキングエリアでご飯を食べている時も、現実味がまるで湧いてこなかった。駐車場に停まっている車を眺めると、同じように東から逃れてきたであろう人たちの姿が散見された。家財道具を積めるだけ積み、後部座席の窓から犬が顔を覗かせている車もいた。

空が薄闇に染まり始めたのは、浜松の看板が見えた頃だった。

スマートフォンで市内のホテルに予約を入れて向かった。ホテルの駐車場にも、東日本地域のナンバーを付けた自家用車が多数停まっていた。

部屋に入ってベッドの上に腰を下ろすと、途端に力が抜けた。

「ここまで来れば……たぶん、大丈夫だよね」

ホッとしたのも束の間だった。

――グラグラグラッ。まさか――戦慄《せんりつ》した。

静岡県が震源地となる地震発生。最大震度六強。

テレビに表示されるテロップを見て、暗闇に落っこちた気分になった。西へ逃げても、容赦なく追いかけてくる。どこまで逃げればいいのか……。

「……東京に帰ろうか」奥さんが観念した顔で呟いた。

僕は置いてけぼりにしてきた猫を思い描いた。放射線測定サイトを見ると、都内の線量は峠を越えたのか、減少に転じていた。諦念と開き直りが交互に頭をもたげる。

翌朝早くにチェックアウトし、僕たちは東へと引き返した。

*

近所のスーパーやドラッグストアの棚から物資が消え去っていた。

トイレットペーパーがないのに不便を感じる一方で、日本人は我先にと買いだめなんてしない上品な国民性と信じていただけに、そのショックがむしろ大きかった。幸い、バラナシで五〇ルピーも出して買ったトイレットペーパーがあったので、それで当面の危機は凌いだ。これもインドのカルマなのだろうか。

都内の水道水から放射性物質が検出されたというニュースが報じられると、水もほとんど手に入らなくなった。水どころか、ペットボトルのお茶すら売っていない。

奥さんが昔雑誌の取材でお世話になったという、四国在住の知人から段ボール一杯の飲み水が届いた。ネットで販売している上質の水を、困っているだろうと思い、送ってくれたのだ。ありがたく頂戴し、埼玉に住む弟夫婦にも分けて送った。

計画停電が実施され、最寄りの駅は電気が落ちて、エスカレーターが動かなくなった。電車内も曇りの日には本が読めないほどに暗くなっていたし、ダイヤ通りに運行しなくなり予定が読めなくなった。

停電がしばしば起き、電車が時間通りに来ず、水は買って飲む――まるで旅先の日々が再現されたようだった。おそらく旅人ならみな同じことを思ったに違いない。そして、こういう局面でも違和感なくサバイブできるのは、旅で鍛えられた恩恵による所は大きい。

とはいえ無気力感に苛まれ、悄然《しょうぜん》として日々を過ごした。本当は長崎に旅行に出かける予定で、飛行機も押さえていたのだがキャンセルした。仕事などで都合がつかなくなって、仕方なしにキャンセルしたことはあったが、自らの意思で旅を取りやめたのは初めてのことだった。航空会社に電話をかけると、特例的にキャンセル料がかからないのだと言われた。旅行業界は大丈夫だろうか。旅に行く人が減ることは、僕の仕事と無関係ではないのだ。

正直なところ、あまり仕事をする気にはなれなかった。今世の中で起こっていることの重大さと比べると、自分の取り組みが矮小《わいしょう》なものに思え手がつかないのだ。でも、不在にしていた間にたまったゲラの確認や、連載の原稿など待ってはくれないあれこれに取りかからなければならなかった。印刷所や製紙工場が被災したため、発行部数を絞ったり、〆切を早めたりと、出版業界にも影響が及んでいた。案件そのものがキャンセルになったものもあり、フリーランスという、自分の立場がいかに不安定なものかを痛感させられたりもした。

フリーのライターやジャーナリストの中には、震災直後から現地に入って取材を進めている者がいることは認識していた。業界の知人の活躍を耳にする度に陰ながらエールを送ったが、同じ物書きの端くれながら、彼らのように真っ先に現地に足を向けようなんて思いもしなかった。泰然自若《たいぜんじじゃく》とはしていられなかったのだ。引けを取ってもいい。少しでも安全なところで、平和に過ごしたい――。

やはり単なるヘタレなのだろう。緊急地震速報のチャイムが鳴り、ぐらぐらと揺れが起きると、その場で狼狽《うろた》えることしかできなかったのだ。単なる強風で建物がガタガタしたのをさえ、揺れと勘違いするほどに神経質になっていた。

仕事場として借りたあの家賃三万円の安アパートに通わなくなったのは、自分のヘタレぶりを如実に表す行動と言えるだろうか。

幸いなことに、仕事場の方は本棚の本がぶち撒かれる程度の被害で済んでいた。しかし築三〇年以上の木造アパートにいると、余震に襲われる度に生きた心地がしないのだ。調べたら、阪神淡路大震災の時には、木造アパートの一階の住人が多く被害に遭ったことを知った。あくまで統計の話ではあるが、二階の物音がハッキリ聞こえるこの部屋が、災禍に見舞われた際に生存率が低い空間かもしれないと怖くなった。

僕はデータをノートパソコンに移し、当面は自宅で仕事をすることにした。週に一度、観葉植物に水をやりに行きがてら立ち寄るついでに、昔を懐かしむように三九〇円の唐揚げ弁当を記念買いした。早くも引き払うことを視野に入れ始めていた。借りてまだ半年も経っていないのに……。

一方で、放射線の影響も心配の種だった。外を出歩く時には必ずマスクをしたし、極力外出を控える日々が続いていた。趣味の庭いじりを我慢しなければならないのは、花が色づき始めるこの時期にはツライ所業だった。

桜が開花の時期を迎えても、原発問題は収束の兆《きざ》しすら見せなかった。というより、どうあがいても、一朝一夕で解決する話ではないことは素人目にも明確で、政治家や学者たちの根拠に乏しい苦し紛れのコメントを見る度に、心が荒《すさ》んでいった。

そんな中、毎年の恒例行事である、代々木公園の花見大会だけは強行した。旅で知り合った仲間たちを中心に、その友だち連中なども交え毎年盛大に行っている。三〇人から、多い年で五〇人ぐらい集まる、ビッグイベントなのだ。

世間的には自粛ムードを唱える向きもあったし、人が集まらない懸念も拭えなかったが、自粛することが誰かの役に立つなんてむしろ思えなかった。関東圏以外の友だちもわざわざ花見のためだけに上京してくれるのだが、名古屋から来たT氏が、

「東京に来て暗いと思った」と率直に感想を述べていたのが印象に残る。

光りが消えていたことを忘れるぐらい、非現実が日常化し始めていたのだ。

＊

被災地へボランティアに向かったのは、東京の桜が散り始めた頃だった。相変わらず余震にはしばしば見舞われるが、慣れとは怖いもので、震度三や四ぐらいの揺れでは動じなくなってきていた。年明けから執筆を始めた新刊の作業も一段落し、気持ち的にも余裕が生まれた段になって、ようやく重い腰を上げ北を目指した。

東北自動車道は北上するにつれて、桜のピンク色が賑わいを増す。東北地方はこれから満開の季節を迎える。東京をすでに過ぎ去った春を追いかけるような旅だった。

週末海外ではなく、週末ボランティア——同じ時間やお金を使うなら、今するべきことは海外旅行ではなかった。土日だけの、たった二日の旅なのは変わらないが。

とはいえ、できることは限られていた。知人のツテを辿って見つけた、宮城県気仙沼市唐桑町《からくわちょう》の避難所で炊き出しをさせてもらうことになっていた。作ったのは親子丼とコール

スローサラダとスープの三品。親子丼は、世界一周の長旅の間にも自炊飯の主力メニューだった我が家の定番の一つだが、一〇〇人規模の量となると勝手がわからず、途中でご飯が足りなくなって炊き直すという面目《めんぼく》ない一幕もあった。

給仕が終わり、片付けと掃除が一段落したところで、避難所で暮らすおばちゃんたちとテーブルを囲み茶飲み話をする機会があった。ミカンやらお菓子やらが次々出てきて、自分たちがボランティアで来ていることを忘れそうなぐらい、温かいおもてなしで迎えてくれた。さあさあ、食べて食べてと、恐縮してもどんどん勧めてくれる。

「こっちの方言だと、『食べて』は〝け〟なのよ。それで『食べる』は〝く〟。け、く、だけで話が済んじゃうのよね」と肩を揺するおばちゃんたち。

まるでどこかの田舎に遊びに来たみたいだが、紛れもなくそこは被災地だった。避難所には昨日まで電気が来ていなかったそうで、簡易発電機のソーラーパネルが外には設置してあった。高台にある避難所から眼下の集落を望むと、津波の爪痕がまだ生々しく残っている。身内が亡くなった方も少なくないという。

半島の先っぽに位置する辺境の集落だから、住民どうしの繋がりが強く、非常事態でもお互い助け合いながら、なんとかここまで凌いできたらしい。都市部の避難所では、様々なしがらみや、人間関係に起因するトラブルなども起こっていると聞く。

唐桑に来てみて、被災者と聞いて、来る前に漠然と思い描いていたイメージとはあまりも違い面喰らったのは正直なところだ。

「次また津波が来たら、俺はダイブするよ」などと冗談を飛ばすおじさんもいた。

あっけらかんとしていて、悲愴感はさほどない。この明るさはどこから来ているのだろう。空《から》元気なのかもしれないし、達観しているようにも見える。

なんて強いんだろう――。自分が同じように極限状態に置かれたとしたら、彼らのように前向きな面持ちでいられるだろうか。

そもそも、ボランティアという聞こえのいい名目を掲げながらも、僕の中に偽善や自己満足の心がなかったかというと嘘になる。批判を承知で素直に告白すると、被災地をこの目で見てみたいという好奇心は少なからずあった。テレビで散々目にしているあの悲惨な光景を、映像ではなくこの目に刻んでおきたい。被災された方々のことを思うと、お気楽な観光気分というわけにはいかないけれど、僕の旅人としての血が騒いだのは事実なのだ。もっとも、ある程度安全が担保されてから出向くところに、自分の小心者具合は表れてもいるのだが。

避難所へ行く道すがら、気仙沼市内と、県境を越えてすぐの岩手県陸前高田市を少しだけ見学していた。いずれも津波の被害がとりわけ甚大だった都市の一つである。

東北道を抜け内陸部から沿岸部を目指した。気仙沼市内へ入っても、最初は普通の地方都市とさほど変わらない光景が続いた。ところが役所の前を通り過ぎ、坂道を下って行って――絶句した。なぎ倒された家屋に自動車がめり込んでいた。電柱はひん曲がっており、信号機は点灯していない。

山側を迂回《うかい》して平野部へ出ると、想像を絶する惨状に息を呑んだ。テレビでもよく映像が出る、打ち上げられた漁船の姿があった。川には自動車がプカプカ浮いたままだ。車から降りると、おぞましい臭気が鼻孔をついた。世界のどこでも嗅いだことのない、人を絶望の淵に落とし込むような匂いだった。

カーナビによるとファミリーマートがあるはずの場所には瓦礫の山ができていた。そこから数百メートル離れただけの国道沿いには別のコンビニがあるのだが、そこはなんと普通に営業していた。

避難所の近くに住む、あるオジサンはこんなことを言っていた。

「カエルの鳴き声がパタリとやんだので、地震が来ると思った」

前兆を察知できた人は助かった。津波は大きく二回やってきた。

「最初の波が引いた後、自宅に荷物を取りに行くって戻ったきり、帰ってこないのさ。戻っちゃ駄目だって、止めたんだけどね」

避難所で会った、ある女性は身内が巻き込まれた不幸をそう語った。

生と死が混在し、理屈だけでは納得しがたい境界線が存在する――。

僕はバラナシや、ブッダガヤや、ブータンの僧院を思い浮かべた。心に拠り所のある人たちがそうするように、手を合わせ祈ることしかできなかった。

平和な暮らしの中で怠惰な日々を送っていると、死というものがこんなにも身近にあるとは気が付きにくい。極限の危機は突如として身に降りかかる。

今を生きるしかないのだ。少しでも悔いのない人生を送りたい。

きっと一生涯忘れられないだろう変わり果てた祖国の現実をこの目にして、僕はそれを見て良かったとも思った。見たことで誰の役にも立たないし、一〇〇パーセント自己満足にすぎないのはわかっているけれど、それでも見て良かったと強く思った。

全ては知ることから始まる——旅人の身勝手な戯《ざ》れ言である。

補足という名目を兼ねたあとがき

これまで僕が書いてきた本と、本書が決定的に異なるのは、本文中に結論らしき結論をほとんど書いていない点だ。読者の想像力に委ねたといえば聞こえはいいが、単に不親切なだけともいえる。

言い訳をすると、取り扱うテーマが抽象的で、しかも一歩間違えると説教じみた話に終始しそうな懸念が拭えなかったから、臆病者としてはあえてこうして物語の形式で綴ることにしたのだ。そのぶん、できる限りディテールを詳細に記述し、ヒントとなる素材はあちこちにちりばめたつもりだ。

とはいえ、そんなの自己満足だろうという批判を受けかねないし、少なくとも親切ではないことは自覚しているので、多少の見苦しさはあるが、最後にちょっとだけかみ砕いて種明かしをしておきたい。

旅人はなぜ旅に出るのか——。

これこそが、本書の最大のテーマである。

物語の主軸となる卒業旅行に出かけるにあたっても、一つの密やかなるマイテーマだったことは本文中に記載した通りだ。尻切れトンボのような突然の幕引きに終わったこともあり、結論を出せないまま日本へ帰ってくる形になってしまったが、その答えの片鱗が摑めた感触はあった。いや、というより実は最初からわかっていたことなのかもしれない。そのことを確認するための旅だったと言えなくもない。

それは、ズバリ一言で表すなら——体験したい、ということになる。

ネットやメディアなどで情報が氾濫し、わざわざ現地へ行かずとも満足してしまう人が増えている現状とは真逆の思考なのだと思う。

日本にいても疑似体験はできる。けれど、疑似体験では物足りないのだ。

旅の三大欲求は、観る、食べる、買うの三つだ。断言したが、誰かがそう言ったわけではない。僕の独断と偏見である。ただ、多くの人に当てはまる最大公約数的な基本欲求であることは、おそらく間違いないだろうと確信している。

そんな三大欲求に当てはめて考えてみる。ものすごくシンプルに。

美しい景色が存在するのなら、写真や映像ではなく、この目で確認したい——。

世界に名だたる絶品グルメは、日本の外国料理屋ではなく本場で味わいたい——。

職人の技が光るご当地物は、輸入品ではなく生産地で手に入れたい――。
――だから、旅に出る。

もちろん、欲求の種類は実際にはもっとずっと多様だ。旅人各人のこだわりはあるだろうし、同じ旅人でもタイミングによって変わってくる。

どんな欲求であれ、そこへ行かなくても大抵は成し遂げられるし、手に入ってしまう。けれど、あえて現場まで行こうとする。この、行こうとするかどうかが、旅人と非旅人の分岐点なのではないだろうか。乱暴な結論かもしれないが、極論が許されるなら僕にはそうとしか考えられない。

節操のない僕の場合、旅の目的は毎回違ったものになりがちだ。熱しやすく冷めやすいタイプでもあり、遺跡にハマったら遺跡、音楽なら音楽と次々と興味のストライクゾーンが変化する。ちなみに最近は植物やマラソン大会に執心気味である。

ただ、それら個別性の強いテーマに加えて、もっと広い括りで見ると、自分の旅に欠けてはならない強力な目的も存在する。

簡単に言えば、それは異文化への興味である。この場合の「異文化」とは、人々の生活習慣や宗教、歴史、政治、経済といった、学校教育なら社会科で扱うような内容を意味する。時には世界情勢などの堅い話や、映画などの娯楽も含む。どんな目的で旅立つにしろ、訪れる土地の文化への好奇心が、最も根っこにあるというわけだ。

偉そうなことを書いているが、昔は興味こそあれ、今ほど意識はしていなかった。「海外旅行だ、わーい」みたいな軽いノリでのほほんと出かけて行って、適当に記念写真を撮り、酒を飲みながら美味しいものを食べつつ……という典型的なレジャー旅行で満足していたのだ。もちろん今でも「海外旅行だ、わーい」は変わっていないのだが、あくまで当社比としては多少は知的好奇心のようなものも芽生えてきた。

ちょっとだけ気障に表現するなら、鎖国状態だったマインドが、旅を通じて「開国」したとでも言うか。単に老いて理屈っぽくなっただけかもしれないが……。

たとえば、二〇〇九年に出版した『週末バンコク！』（平凡社）という本の中で、僕はこんなことを書いていた。


——（以下引用）日本食の次に好きな料理はタイ料理である。どれぐらい好きかというと、たとえばイタリアンのお店へ行ってパスタを食べるときに、無意識のうちに右手にスプーン、左手にフォークを持ってしまい、「あ、いけない」と慌てて持ち替えたりするほど。（以下略）——

自分で書いた文章でありながら、読み直して唖然とした。なんて馬鹿なことを書いたのか。タイムマシンがあるなら、当時の自分を叱りに行きたいぐらいだ。

そう、イタリア人はパスタを食べる際にスプーンなんて使わない。これが日本式のパスタレストランであればまだ辻褄が合うので、せめて「イタリアン」ではなく「パスタ屋」などと記述しておけば、言い逃れの余地はあった。

イタリアのことをまるで知らない人が書いた文章である。この時点で僕はイタリアに行ったことがあったのだ。いったい何を見てきたのだろうかと顔が赤くなる。

現地に行ったからといって、気がつかないことは多々あるだろう。けれど、イタリアの複雑な歴史や高尚な美術品などの話ではなく、パスタである。

今さらになって気がついたのは、当時の僕が鈍感だっただけでなく、年を追うにつれ旅へ対する意識が変わってきたからだろうか。

一方で、海外の話題になると、知った顔をして持論を展開する人たちがいる。その際、現地へ行ったこともないのに、さもそれが常識であるかのように口を尖らせる人があまりに多いことに僕はしばしば驚かされる。これは旅人、非旅人に限らず、知識ばかりあって、頭でっかちになっているタイプに多い。

他の議題はともかく、こと異文化に関しては、知識だけで物を語るのは僕は反則だと思う。たとえそれが正論であったとしても、体験の裏付けがない話はいま一つ信用が置けないのだ。

もちろん、行った者の方が正しいのだと主張したいわけではない。行ったからといって、気がつかないことだってあるぐらいだし、観光旅行でちょろっと覗き見したぐらいで偉ぶるなんてのはお門違いだ。

そうではなく、単に、実際に行ってみて、この目で見たうえで、自分が納得のいく結論を出せば良いのではないかと思うのだ。少なくとも、知識を持っているということは興味があったから知っているはずで、だったら情報に溺れるだけでなく、なぜ現地へ行って見てこようとしないのか不思議なのだ。

体験してみることで、得られるものはきっとある。

体験したい、そう思ったら旅に出ればいい。

続いて、もう一つの大テーマである「自分探しの旅」についてなのだが、これは、載せるべき議論の俎上《そじょう》がいささか異なるような気がする。「体験したい」は目的だ。一方で「自分探し」は目的ではない。いやいや、目的なんだよと反駁《はんばく》する人もいるかもしれないが、少なくとも僕からすれば、本来は目的にはなり得ないものだと思うのだ。では何なのか——。

——名目、なのではなかろうか。目的は別にあって、それを隠すための名目。もしくは、目的が何なのか自分でも自覚できていない人にとっての名目。若い旅人なら、後者の方が多数派に違いない。

拡大解釈され、メディアなどで都合のいいキーワードとして流布されているうちに、言葉が一人歩きしてしまった。世迷い気味の者にとって、耳障りの良い言葉はモラトリアムの大義名分にうってつけだった。それが真相の一つなのかな、と。

もしかしたら、かつては「自分探し」が目的になり得た時代もあったのかもしれない。だとしたら、僕には語ることはない。旅を始めたのはわずか一〇年前だからだ。しかし、この一〇年に限って言えば、現場をずっと旅し続けてきた自負はある。お金や時間や労力のほとんど全てを旅に注ぎ込んできた。僕にとっては、自分探しの旅は昔話の幻想にすぎない。

出身校の現役の後輩たちと触れ合う機会が最近増えた。歴史的な就職難にあえぐ彼らしいと感じるのは、旅に出ることに何らかの直接メリットを求めようとするところだ。わかりやすく要約すると、在学中に旅に出たことで、その経歴が就活に有利になるなら……という考えだ。

旅は消費活動だ。極端な例だが、方向性としては遊園地に行くのと変わりない。畢竟するに、エンターテインメントの一つの選択肢である。だから、見返りを求めるべきものではないと僕自身は思っている。それさえも人生の椅子取りゲームの武器として考える発想は、実に勿体ないし、そこまで追い込まれるほどの険しい社会にしてしまった先輩世代の責任は重い。当然、自戒の念を多く含むのだが。

「自分を探さない旅」という本書のタイトルは、別に「自分探しの旅」そのものを批判するものではない。誤解を受けそうなので、そのことは強く念押ししておく。

現実逃避の名目に旅を掲げること自体に異論はないのだ。ますます息が詰まる世の中になってきた。逃げ道を無理に塞ぐのは馬鹿げている。社会のしがらみや、時間に追われる日々に心が折れそうになった時、活路として旅を選んだっていいだろう。その際の「名目」として「自分探し」という言葉が適任ならば使えばいい。

けれど、それはやはりどう考えても旅の「目的」とは違うものだし、できることならそんな名目を掲げずに堂々と旅立ってほしいと願うのである。

本文を締め括った言葉通り、「一旅人の身勝手な戯れ言」にすぎないのだが。

本書で取り上げたかったテーマは多岐にわたっており、細かいものをここで全部挙げるとキリがないのだが、もう一つだけ紹介しておく。

これも曖昧模糊としており表現しにくいのだが、本書の担当編集者である佐藤さんと企画の打ち合わせをした際に、僕はこう語ったのを思い出す。

「生き方の本なんです」

旅の本ではあるのだが、単なる旅の本にはしたくなかった。もうワンポイント何かをかませられればという欲ばりな意図があった。

不動産屋のMさんや、テレビディレクター氏、バンコクですれ違った若者たち、チュンくん、ラムさんをはじめとした愉快なインド人など、本書には折に触れて多彩な登場人物が出てくる。姑息ながら、彼らを通す形で「生き方」というものについて少しだけ掠《かす》るような書き方を今回は意識した。他力本願なノンフィクション本になってしまわないようにと、あまり奥深くまで踏み込まないようにはしたが、旅をしていると普通に暮らしているよりも出会いの機会が増えるのは事実で、それこそ旅の目的に「出会い」を掲げるのもアリだろうとも思う。

翻って、僕自身の生き方については、赤裸々なほどにありのままを綴っている。人に自慢できるような生き方ではない。書き終わって冷静になってみると、気恥ずかしさと、読者の方々に馬鹿な男のくだらないエピソードに付き合わせた申し訳ない気持ちが募る。鼻で笑い飛ばしていただいて一向に構わない。

さしたる人生設計もない。こうも刹那的な生き方ばかりしていると、いずれ野垂れ死ぬかもしれない。でも一方で、変化を恐れてはいけない気持ちは強い。毎日同じ電車に乗って、同じ職場へ通い、同じスーパーで買い物して帰る日々は、感受性を鈍らせる。一度きりの人生なのだから、躊躇《ためら》っている場合ではないのだ。

本書の舞台となったのは二〇一〇年の暮れから、二〇一一年四月末頃までだ。実はその直前の話を、『12日間世界一周！』（角川文庫）に書いた。テーマやテンションは全く異なるが、本書は物語的にはその続編に位置することは補足しておきたい。

また後日談についてついでに書くと、被災地から東京へ戻った次の週——ゴールデンウィークなのだが——から、懲りずに海外旅行漬けの日々が再始動した。ページの余白がなくなったパスポートは更新した。マダガスカル、中国、香港、マカオ、ミャンマー、ロシア、タイ（またしても……）などへ足を延ばした。それらの旅の話はまた別の機会にしようと思っている。被災地へはその後また違った形でボランティアとして訪れるチャンスがあった。放射線測定器を持って福島にも行った。

なお、本書の企画は震災以前より進めていたものである。出たとこ勝負の企画であったが、まさかこんな結末を迎えることになるとは毛一筋ほども思わなかった。

今回の震災で亡くなられた方々のご冥福をお祈りすると同時に、被災された方々に心よりお見舞い申し上げます。旅人を優しく迎えてくれる、東北地方のあの美しい風景の復興を祈願しつつ——。

震災後の旅では、どこへ行っても日本人というだけで心配してくれ、時には好奇の目で接せられた。否が応でも、自分が日本人であることを強く意識するようになり、祖国を愛おしく思う気持ちが一層強くなった。外国を旅することで、結果的に自分の国の良い面や、悪い面が見えてくる。日本をより深く知るためにも、海外旅行は意義のあるものだと思う。

世界は間違いなく激動している。日本は少し元気がない。そんな中で、旅人としてできることは限られている。非力なことを棚に上げるようだが、それでも僕は可能な限り旅を続けるつもりだ。開き直ってみる。旅ぐらいしかできないから。

最後に、先述した担当編集・佐藤暁子さんに深いお礼を申し上げます。数えてみたらかれこれ七年にもなる長い付き合いなのだが、訳あってこうしてあとがきにお礼を記すのは初めてかもしれない。同じくいまだに頭が上がらない奥さんこと松岡絵里にも、毎度ながら「ありがとう」と書いて終わりの言葉とさせていただきます。

二〇一一年一二月二〇日

赤い家から徒歩一〇分の猫屋敷にて　吉田友和

本書は書き下ろしです。

自分を探さない旅

2012年6月13日　初版第1刷発行

著　者　吉田友和

発行者　石川順一
発行所　株式会社平凡社
〒101-0051　東京都千代田区神田神保町3-29
電話　03-3230-6584（編集）
03-3230-6572（営業）
振替　00180-0-29639
平凡社ホームページ　http://www.heibonsha.co.jp/

印刷・製本　図書印刷株式会社
ブックデザイン　守先正＋山原望
カバー・口絵写真　吉田友和

ISBN 978-4-582-83578-6 C0095
NDC分類番号915.6
四六判（18.8cm）　総ページ312

吉　田　友　和　の　本

週末海外をもっと楽しむためのガイドブック

週末シリーズ

2泊3日からはじめる自分だけの旅づくり

週末ソウル!
吉田友和・金光英実 著
定価：1,260円（税込）

グルメ・観光・
買い物…
週末海外に
すぐに役立つ

週末バンコク!
吉田友和 著
定価：1,260円（税込）

情報満載。
モデルコース、
地図も掲載。

週末台湾!
吉田友和・鈴木夕未 著
定価：1,260円（税込）

限られた日数
だからこそ、
充実の旅を!!

週末香港&マカオ!
吉田友和・岡田和恵 著
定価：1,260円（税込）

いつまでも同じじゃない。過去ではなく今の世界を旅したい。(グルガオン)

あるいは旅人は「FREE TIBET！」と叫ぶ。何度でも叫んでみる。（デリー）

インドを旅していると、ファインダー越しにしょっちゅう目が合う。（デリー）

ガンガーに朝陽が昇る。変わりゆく国にあって変わらない光景。(バラナシ)

祈りの対象がない自分は、不幸なのではないかという気にもなる。（バラナシ）

平和そうな間延びした光景だが、壁際は実は結構オシッコ臭い。（バラナシ）

インドは色が溢れていた。ドキッとさせられてばかりだ。（バラナシ）

「等身大の旅」なんて格好いいものでもない。行きたいから行くのだ。（バラナシ）

ブッダガヤを共にした戦友、もとい悪友と。まだ酒は入っていない。（ビハール州）

単なる観光客にすぎない。でも、素直に美しいと思える瞬間がある。（ブッダガヤ）

世界遺産よりおもしろい！　世界の市場巡りもまだまだ続く。（コルカタ）

江戸時代ではありません。車は走っているし、刀も持っていません。（ティンプー）

ガイドさんの目を盗んで、素顔のブータンを探しに出かけた。（ティンプー）

山登りなんて柄じゃないけれど、素敵なご褒美があるなら頑張れる。（タクツァン僧院）

あの日、こんな場所を旅していた。海の向こうの山奥で報せを聞いた。（パロの谷）

Departures 出发航班 출발편
9月17日 9:41
変更時刻 WILL DEP. 行先／経由地 TO/VIA 航空会社 AIRLINE 便名 FLIGHT NO. 航空会社 AIRLINE 便名 FLIGHT NO. チェックイン CHK IN ゲート GATE 備考 REMARKS
00 シカゴ 日本航空 JL10 アメリカン航空 AA5822 KLMOPQ 62 出国手続中
00 バンコク 日本航空 JL717 KLMOPQ 75 出国手続中
05 パリ 日本航空 JL405 エールフランス AF271 KLMOPQ 91 出国手続中
10 釜山 日本航空 JL957 ブリティッシュ エアウェイズ BA4611 KLMOPQ 65 出国手続中
20 ニューヨーク 日本航空 JL6 ブリティッシュ エアウェイズ BA4604 KLMOPQ 61 出国手続中
30 バンコク ビジネスエアー 8B89 N 70M 出国手続中
30 11:20 デリー エア・インディア AI307 A 82 出国手続中
35 クアラルンプール 日本航空 JL723 アメリカン航空 AA5838 KLMOPQ 92 出国手続中
45 ロンドン 日本航空 JL401 KLMOPQ 63 定刻
55 パリ 日本航空 JL5053 第1ターミナル
00 11:50 ジャカルタ ガルーダ・インドネシア GA885 I 96 時刻変更
00 リュブリャナ 日本航空 JL8825 KLMOPQ 73 定刻
10 ソウル イースター ZE602 S 87 搭乗手続中
15 フランクフルト 日本航空 JL407 KLMOPQ 64 定刻
00 ソウル 日本航空 JL5203 第1ターミナル
10 ダラスフォートワース アメリカン航空 AA176 日本航空 JL7014 DE 74 共同運航便
10 コロンボ スリランカ航空 UL455 F 83
25 瀋陽 中国南方航空 CZ628 C 91
30 クアラルンプール マレーシア航空 MH71 全日空 NH5851 B 84 共同運航便
50 上海 中国東方航空 MU524 日本航空 JL5255 B 72 共同運航便
55 ソウル 日本航空 JL5205 第1ターミナル
00 ミラノ メリディアーナフライ IG5317 T 86
05 釜山 日本航空 JL5231 第1ターミナル
15 台北 中華航空 CI17 H 73
45 上海 日本航空 JL877 KLMOPQ 71 定刻
the check-in counter
出 発 (北口)
Departures (North Entrance)
WE HOPE TO SEE YOU AGAIN
NAA
出国手続
Passport Control
世界にありがとうを伝えたい。
日本を代表してこの成田から。
On behalf of Japan, Narita says "Thank You" to the world.
To everyone that supports Japan...
"Thank you"
日本を応援してくれる世界の皆さんへ、ありがとう。
A more beautiful, resilient
世界中が日本を応援している。
STOP!

半年後、僕はやはり旅を続けていた。１年後も２年後もきっと……。（成田空港）

失ったものは大きい。失わなかったものも大きい。後悔はしたくない。（福島県双葉郡大熊町）